왜! 쓰냐고 물으면 그냥 웃지요

왜! 쓰냐고 물으면 그냥 웃지요

유재철 산문

2024 ⓒ 유재철

작가의 말

야생화는 들판의 잡초와 돌 틈 사이에 있어도 도도하다.
삼동의 겨울바람을 이겨내고 응축된 힘으로 대차게 올라오는 것이다.

작아도 당당할 수밖에 없는 들꽃 한두 뿌리 뽑아 꽃다발을 엮듯 야생화 같이 살아온 일상의 기억만을 추려 들꽃같이 소박한 나의 마음을 엮기로 했습니다.

한참의 시간이 흐른 뒤라 갓 피워낸 꽃도 있지만 이미 만개한 꽃도 어떤 꽃은 이미 피워서 꽃 모양은 사라지고 홀씨의 왕관을 머리에 이고 있는 그야 말로 볼품없는 야생화로 꽃다발 묶는 것을 한심하게 지켜보던 친구가 왜 쓰냐고 묻길래 그냥 쓰기위해 말없이 웃음으로 답해줬지요.

웃음을 부려놓고 보니 나보다 더 우스운 날들이 가버렸습니다.
아쉬운 것은 가고 더 많이 써야할 날도 점점 줄어들고 있습니다.

세상 살아가는데 재미를 쫓거나 큰 이문이 생겨야만 웃는다면야
세상 어색하고 삭막해서 어찌 살겠습니까?

여는 글

여기 봄의 미풍 같은 웃음과 여름 혹서에나 느낄 수 있어 자칫 끈적거릴 수 있는 익은 열매 같은 웃음거리도 같이 묶었습니다.

생화가 지고 꽃대 위에 홀씨를 키운 건 삼동을 이겨낸 바람이었다면 매 순간 총력전으로 뭉쳐 있던 들판에서 나의 웃음을 키운 건 묵묵히 걸어온 노동의 대가라기보다는 어진 마음과 눈이 생성되는 시간의 온도였습니다.

이제 나의 바람을 소나기처럼 시원하게 웃음으로 쏟아낼 수만 있다면…
새털처럼 가볍게 날아서 어디든 훨훨 오를 수만 있다면…

무량한 나의 숲에 무사히 당도하기까지 …
나의 바람을 불어줄 도서출판 다시올 김영은 발행인에게 감사드립니다.

김포에서
저자 유재철

차례

여는글 / 작가의 말 _ 5

1부 _ 김포, 우리동네

걸포리 마을회관 _ 16
걸포리 교회 _ 20
김포군 _ 23
김포면 _ 27
용화사 _ 31

34 _ 우리 동네 사장님
38 _ 장릉 연못
40 _ 조강
42 _ 통진 문학회 사람들

2부 _ 외로움을 소환하다

TV에 나온 집 _ 46

고무신 _ 49

누님 _ 53

도장 _ 56

명함 _ 59

묘비명 _ 62

문신 _ 65

상(賞) _ 68

상고대 _ 72

새대가리 _ 74

76 _ 아버님 영전에 화투 한목 바칩니다

80 _ 어머니의 손맛

83 _ 엿장수 가위

86 _ 접시꽃 당신

89 _ 우중화(雨中花)

91 _ 폐가

93 _ 폭탄

97 _ 한여름 밤의 외박

차례

3부 _ 야(夜)한 이야기 (미성년자 열람불가)

꽃구경 _ 102
꽃밭 _ 105
벽난로 _ 107
이불 _ 110

112 _ 전설의 고향
116 _ 처복
119 _ 콘돔
123 _ 흔들린다는것

4부 _ 아내여 내가 사랑하는 웬수같은 아내여

대추나무도장 _ 128
돈 백만원 _ 132
못 _ 137
무서운 아내 _ 140
사윗감 _ 144
속 좋은 인간 _ 148

150 _ 아내가 없는 집
154 _ 여자의 일생
157 _ 육목단 열끗
161 _ 잔소리
166 _ 적과의 동침

차례

5부 _ 오! 마이 지저스

갈등 _ 174
고뇌하는 아담 _ 178
누님의 십자가 _ 181
대부(大父) _ 187
식사기도 _ 189

194 _ 어머니의 기도
198 _ 요한복음 40장 35절
202 _ 창세기 18장 23절 33절
205 _ 홍해가 갈라지다

6부 _ 저 푸른 초원 위에

가문 _ 208

가을 농사 _ 211

농사 상담사 정란희씨 _ 215

농사꾼 _ 219

농사유감 _ 221

농산물 가두판매대 _ 225

228 _ 농산물 값

231 _ 복날은 간다

237 _ 어버이날

240 _ 정리해고

242 _ 친환경농사

246 _ 풍장

차례

7부 _ 로컬푸드

꽃양배추 _ 252

무꽃 _ 254

배 _ 257

배추 _ 259

사과 _ 261

263 _ 양파

265 _ 열무

269 _ 쥐눈이콩

271 _ 파꽃

273 _ 호박

8부 _ 등이 휠 것 같은 삶의 무게여

무료급식 _ 278

성공 _ 282

아버지 _ 284

287 _ 조강지처와 조강지차

290 _ 지붕

294 _ 집

299 _ 다 먹고 살자고 하는 일인데

303 _ 책을 마치며

김포, 우리동네

송홧가루가 노랗게 앉기도 했고
열어놓은 창문으로 아카시아 냄새와 함께
뻐꾸기 소리가 섞여 들어오기도 하는…

1부_

걸포리 마을회관

▬▬▬▬▬ 농번기에 좀도둑들의 빈집 털이가 극성이라는 신문 기사를 본 적이 있다.

좀도둑 예방책으로 묘안을 짜봤다.

집 앞에다 국기 게양대를 설치하고 태극기나 새마을 깃발, 민방위 깃발을 걸어놓고는 현관문 옆에 '마을회관' '노인정'이라고 세로로 새겨진 목 간판이라도 한두 개 걸어놓으면 어떨까?

현관에 고무신을 비롯한 두어 켤레의 신발이나 계절과 상관없이 털신이라도 한 켤레 섞여 있으면 초행길의 손들은 마을회관으로 생각할 것이다.

그렇게 사람이 끓을법한 마을회관에 도둑이 뭘 훔치러 들어온단 말인가. 가짜 만병통치약 팔아먹으려고 노인정을 찾아다니는 사기꾼 약장사라면 모를까?

우리 동네 한가운데에는 3층으로 지어진 마을회관이 있다.

3층으로 지어진 건물이 얕은 언덕 위에 있으니 우러러보이기까지 했는데, 농사일이 바쁘다 보니 농번기에는 마을회관이 텅 비다시피 했다. 도둑이 들었다가도 지푸라기 하나 건져 가지 못할 판이다. 가끔 이장만 올라와서 경조사 알리는 방송이나 하고 내려갔고 1층 경로당에서 할머니들의 화투 치는 소리만 간간이 새어 나오고는 했다.

어느 날 밤 마을회관 2층 회의실에 불이 훤해서 올라갔다가 날카로운 여자의 목소리가 들려 문도 못 열어보고 내려왔는데 읍내 연극 단체에 연습 장소로 잠시 제공했었다는 얘기를 훗날 들었다.

전형적인 농촌 마을이라 주민들은 들로 일하러 나가고 빈 회의실 책상에는 철 따라 송홧가루가 노랗게 앉기도 했고 열어놓은 창문으로 아카시아 냄새와 함께 뻐꾸기 소리가 섞여 들어오기도 했다.

회의실에서 나는 소리라고 해봐야 어쩌다 간혹 잠자리가 유리창에 부딪는 소리와 비 쏟아질 때 1층 노인정에서 화투 치던 할머니가 올라와 창문 닫는 소리가 고작이었는데 그 조용하기 그지없는 마을회관에 어느 날부터 사람들이 들락거리는 것이 보였다.

이장이 시를 공부하는 동아리 모임에 무료로 일주일에 한 번씩 장소를 제공했다고 하는데 워낙 들일이 바빠서 마을회관에서 시낭송을 하는지 그림을 그리거나 굿을 하는지도 모르고 그저 마을회관 밑으로 경운기를 몰고 다니기만 했는데, 나뿐만이 아니고 마을 주민들도 무관심하기는 매일반이었다.

어느 날 장화를 신고 지나가며 회관 앞 가게에서 물건을 사서 나오던 사람이 이장님 안녕하시냐며 인사를 하는데, 마을회관 시 창작반에서 공부하는 사람이라고 자기소개를 했다. 나이 든 군인을 부를 때 호칭이 마땅찮을 때는 선임하사라 부르고 농촌에서 딱히 호칭 붙이기가 애매모호할 때는 이장님이라고 한다는데 졸지에 이장이 된 것이다.

음료수를 사기 위해 가게에 들렀다가 수업이 없는 틈에 회관 2층을 둘러봤다. 색 바랜 농협 달력을 걷어낸 자리에는 회원들의 작품이 붙어있고 '함민복 시인 박용래 문학상 수상'을 알리는 화보도 붙어있는 것이 나름 면학하는 분위기로 꾸며놓은 것이 시 창작 교실 같아 보였고 함민복 시인이 강사인 것도 그때 처음 알았다.

몇 달에 한 번 이나마 동네에 일이 생겨야 소집하는 마을 주민보다 일주일에 한 번씩 모이는 시 쓰는 동인의 몇몇 얼굴을 익혀 두기까지의 시간이 흘렀고 고등학교에 다니는 딸아이도 시간이 되면 올라와서 같이 배우라 하여 딸도 가끔 참석하여 시 창작 강의를 들었다.

함민복 시인에 이어 김완수 시인으로 이어지면서 시를 배우는 수강생 중에 김두안이 글쟁이의 사법고시라 할 수 있는 한국일보 신춘문예에 당선되는 영광도 생겼다. 마을회관 앞에다 현수막이라도 걸어두려 했으나 굴러온 돌이 덜그럭거린다고 할 것 같아 그만두었다.

어느 날 동인지 출판기념회를 하는데 오리지널 이장은 보이지도 않고 얼결에 이장이 되어버린 내가 홍탁삼합에 신이 났다. 수강생 중에서 문예 진흥 기금 수혜자가 나왔고 감완수 시인이 바통을 이어받아 수강생을 가르치기에 이르렀다. 마을에 아파트가 들어선다고 하여 건설 대책 위원회가 생겨 어수

선한 가운데서도 수강생 중 종정순 씨가 '아르고 문학상'에 당선되었으며 또 다른 수강생 장순익 씨는 '문예진흥기금'의 혜택을 받기도 했다. 우리 딸도 시간이 맞을 때마다 열심히 강의를 듣더니 원하던 대학 문예창작과에 합격했다. 용장 밑에 약졸 없다더니 함민복 시인이 대한민국 시단에 드날리는 이름값을 톡톡히 한 것이다.

모처럼 시간이 나서 마을회관에 들렸다.
마을에 아파트가 들어서기 때문에 정리 작업 중이라 회관은 텅 비었고 수강생은 시내 모처에서 수강 중이라는 말만 들었다.
김완수 시인의 뒤를 이어 김두안 시인이 수강생을 지도하는데 체계를 갖춰 이름까지도 〈詩냇물〉이라 명명하고 현재까지 이끌어 가고 있다. 그동안 문예지를 통해 등단한 사람도 몇몇 되고 보니 시골 촌 동네의 마을회관이 문학의 요람이 된 것이다.

맹자 모친이 학교 근처로 이사를 한 덕에 어린 맹자가 공부할 수 있었듯 마을회관에 시 창작반이 들어온 덕에 우리 딸이 최고의 수혜자가 된 것이다.

걸포리 교회

━━━━━ 동네 입구에 걸린 현수막이 설핏 눈에 띄었다.
'마을회 알림' 현수막이 한번 걸리면 색이 바래 제풀에 떨어질 때까지 나부꼈기에 무의식중에도 눈길 한번 주지 않고 지나쳤었는데, 새로운 하얀 현수막이 눈에 띄었다.

얼마 전에 우리 집 옆에 교회가 들어섰다.

어느날 '열방교회 창립 예배, (구) 평안교회' 그 교회의 창립 예배를 알리는 현수막이 걸렸는데 우리 동네에 '평안교회'가 생긴 지가 한 십여 년은 되었을 성싶다.

서울에서 목사님이 달마가 동쪽으로 간 역방향인 서쪽으로 무작정 온 것이다. '달마가 동쪽으로 간 까닭은' 잘 모르겠지만 '목사가 서쪽으로 온 까닭은' 교회를 개척하려는 사명감 때문이었을 것이다.

김포읍을 지나 김포 웨딩 홀 앞 지금은 철거된 육교 위에 올라가서 지역을 정탐해 보니, 사백여 호의 농가가 옹기종기 모여 있는 곳에 어이 된 영문인지 교회의 붉은 십자가가 하나도 보이지 않더란다. 눈이 번쩍 뜨이는 황금어장을 발견하고 내 저곳을 갈릴리호수로 생각하고 고기 잡는 어부가 아니라 신앙인을 낚는 목사가 되겠다며 의욕적으로 걸포리 (김포 천주교회 18구역)에 '평안교회'를 창립했는데 그 후로 어이 된 영문인지 교회 개척한 지 10년이 되어가도록 신도가 한 명도 안 늘어나다 보니 교회 이름인 '평안교회' 뜻 그대로 교회는 그야말로 평안하기 그지없던 기간 동안 이 동네에 왜 교회가 없었는지를 깨달은 것이다.

김포에서 제일 큰 '제일교회'가 언더우드 박사에 의해서 백여 년 전에 이 동네에서 창립되어 나갔고, 공소서부터 시작된 것부터 연혁을 따지자면 백여 년의 전통을 가진 김포 천주교회가 이곳에서 태동해 나간 것이다.

그러니 사백여 호에 사는 주민들 거의 다가 시몬, 바오로, 막달레나였고, 신부님 두 분과 손가락으로 꼽으라면 열 손가락이 부족할 정도의 수녀를 배출해 냈다. 장로교 쪽으로 보아도 장로님 집사님 권사님 투성이었다.

목사님이 육교 위에서 사백여 호의 농가를 보고서는 갈릴리호수로 생각하고 신앙인을 낚는 어부가 되어 십여 년 동안 전도의 그물을 던졌지만 목사에게 그 호수는 갈릴리 호수가 아닌 사해였던 것이었다.

다만 이곳에 왜 교회가 없었었는지를 뒤늦게 깨달은 것이다.

상황이 그러하니 교회창립 십여 년 동안 신자가 한 명도 늘어나지 않아서 교회는 이름 그대로 평안하기 그지없었고 이번에 교회를 새로 지은 참에 열방으로 뻗어 나가자고 '열방교회'라고 교회명을 정했다는데 그 열방교회가 바로 우리 집 옆에 생긴 것이 나로서는 걱정이 앞섰다.

이름 그대로 교회가 열방으로 퍼져나가야 하건만 바로 교회 옆으로 요르단강 같은 개울이 활처럼 휘어져 막고 있고 위로나마 뻥 뚫려있어야 할 하늘은 일산대교로 가려 놨으니 뒤로는 일편단심 천주교 신자의 가정이 진을 치고 있으니 '열방교회'는커녕 아무리 봐도 '우물교회'라고 이름을 붙여야 딱 맞게 생겼는데 창문으로 내다보던 아내가 교회는 달라도 입당 예배만큼은 참석해야겠다는 말을 듣고 한마디 안 할 수가 없었다.

"가긴 어딜 가나?
목사님 열 받아 방방 뛴다고 '열방교회'라고 한 것 같은데
열 받아 방방 뛰는 목사한테 걸려 뒈지게 혼나지 말고
가만히 있으시게나"

김포군

▬▬▬▬ 1980년 초쯤에 서울에서 쌀장사할 때 얘기다.

더운 여름철이라 쌀 판매량이 현저하게 줄어든 대신에 옆집 슈퍼의 빙과류의 여닫이문은 하도 여닫느라 뚜껑이 열이 나서 빙과류 통에 붙었던 성에가 빙과류 통 문짝에 떨어지기가 무섭게 '찌지직' 소리를 내며 증발해 버리다시피 했다.

(그 정도로 더웠다는 얘기다.)

며칠을 굶어도 이 염천에 쌀을 사러 올 사람은 있을 것 같지 않다고 생각하던 차에 이상하리만치 키가 큰 청년이 슬리퍼 끄는 소리를 내며 쌀을 사러 왔다.

'쌀 소두 한 말 만 주세요.' 라는 소리에

'김포 쌀로 드릴까요?' 라고 말하니, 청년은 '김포 쌀요?' 하면서

눈을 동그랗게 뜨고 말을 이었다.

'언젠가 뉴스에서 봤는데 여주 김포 이천에서 생산된 일 년 치 쌀은 서울 인구가 삼 일 먹을 양밖에 안 된다는데 서울에 그 많은 미곡상이 여주 김포 이천 쌀을 365일 떨어뜨리지 않고 팔아대는데 그 말을 어찌 믿을 수 있겠냐면서 사장님 김포 쌀값으로 쳐서 드릴 테니 아무 쌀로 주세요' 라고 말을 하는 것이다.

진심 섞인 말을 믿지 못하는 투의 말에 은근히 부화장이 끓어 주민등록증을 보여주며 고향에서 생산한 김포 쌀을 강조했지만 '김포요?' 라며 반문하는 소리가 무슨 말을 할 것만 같아 별로 할 일도 없는 터라 평상을 당기며 음료수 한 잔을 권했다.

김포 쌀로 인하여 화두가 김포로 시작됐는데, 청년이 말하기를 김포는 쇠 금(金)에 개포(浦) 자가 합성된 지역명으로 풀이하자면 개울에서 금을 취하는 지역이라고 말하는데 그 말에 공감이 갔다. 초등학교 다닐 때 교과서에도 실려서 배웠던 기억이 떠올랐다.

'옛날 의좋은 형제가 한양에 가기 위해 강변을 걷다 강가에서 형제가 똑같이 금 한 덩이씩을 주웠는데 배를 타고 강을 건너던 중 동생이 금덩이를 물

속으로 던져버리더란다. 형이 의아해서 물어보니 형이 가진 금덩이에도 욕심이 생겨서 이 금덩이가 상스러운 물건이라는 생각이 들어 버렸다고 말하자 형님도 부끄러운 마음에 갖고 있던 금덩이를 마저 물속으로 던져 버렸다' 라는 지역이 바로 김포 땅이다. 그 일로 인하여 금을 던져버린 지역을 〈투금뢰〉라 불렀다는 얘기가 전설로 내려오는 그 지역이 도시 확장으로 서울시에 편입됐고 지금은 강서구 가양동의 어디쯤일 거라는 막연한 전설을 들은 적이 있었고 교과서로도 배운 적이 있었다.

청년이 다시 말하기를 선조들이 지역명을 생각 없이 허투루 짓지는 않았을 것이라며 출처 불분명한 채로 벽에 걸렸있던 우리나라 전도를 가리키며 함경북도 온성에서부터 전라남도 해남 지역을 아우르며 그 중심에 김포가 있다고 말했다. 호랑이 모형의 지도를 가리키며 급소 중의 급소며 나라의 중심이라고……

예로부터 도읍을 정해도 중앙에 정했다고 말했다.

고려 시대의 개경이며 조선 시대의 한양이 김포 근처에 정해진 것만 보아도 김포의 중요한 가치를 알 수 있지 않겠느냐고……

한강과 임진강이 김포의 북쪽 한강 하류에서 합수하고 서해를 향해 흐르다 예성강과 합류하여 강화만으로 흘러드는데 당시 고려의 도읍이 개경으로서 고려 제일의 무역항이 예성강 하구의 벽란도였으며 중국과 일본을 비롯하여 멀리 사라센 무역상의 배들이 드나들면서 고려의 존재를 세계에 알리는 계기가 되었다고 했다.

당시 유럽에서는 동양 은둔의 왕국을 가리켜서 동양의 지팡이라는 나라는 금이 흔해 금으로 지붕을 얹었고 꼬레왕국의 백성은 신선 같은 사람들로서 낙원이 따로 없다 하여 은둔의 왕국을 찾아가는 해로를 찾느라 국가마다

혈안이 되었다고 했다. 그때 불렸던 지명대로 오늘날 국제무대에서 지팡은 저팬으로 불리고 꼬레는 코리아로 불리게 되었다고 말했다.

김포는 예로부터 도읍과 가까이 있었던 관계로 고려 시대에는 개경의 무역항 벽란도가 인접해 있었고 조선 시대에는 한양으로 가는 팔도 생산품과 각종 공물이 한강 수로를 통하여 한양으로 가는 길목에서 관문 노릇을 톡톡히 했다며 오늘날에도 지리적인 영향으로 해로를 통하여 해외 각 나라로 들고나는 무역항인 인천항을 배후에 두고 하늘의 관문인 김포국제공항이 바로 지척이라고 말했다.

앞으로 우리나라가 통일된다면 말할 것도 없지만, 남북 데탕트라도 이루어져 남북 교류가 이어지고 육로라도 왕래한다면 육로 해로 항로의 모든 교통의 인프라가 갖춰진 김포의 무한한 가치가 빛을 발하는 시기가 도래하여 김포 땅값이 지명의 명칭대로 그야말로 개울에서 금을 줍는 때가 올 것이니 혹시 소유하고 있는 토지나 농사짓는 땅이 있으면 생활이 어려워도 갖고 계시면 지금 당장 내 대에는 덕을 못 봐도 후대라도 후손이 조상의 은덕에 감사드리며 차례상에 과일을 고여도 한 단은 더 고이고 음식을 올려도 한 가지 더 올리지 않겠냐며…

김포 쌀로 인하여 김포에 관한 긴 얘기를 옛날이야기 하듯 술술 풀어놓더니 내가 권한 음료수 한잔을 마시고 소두 한 말의 김포 쌀을 가지고 갔다.

김포면

　　　　　　　지역에서 발간하는 홍보물 책머리에 보면 그 지방을 예찬하는 시인이나 묵객의 글과 그림이 실려 있는 것을 종종 볼 수 있다.
　　하도 보아서 인지 별것도 아닌 것 같은 풍경을 예사롭지 않게 그려내는 화가나 조국 찬가의 노래 가사처럼 웅장하게 지어내는 시인의 글을 접하고 보면 보통의 애향심으로는 지어낼 성싶지 않게 느껴졌다.
　　그 고장에 뿌리를 내리고 사는 사람으로서 어이 나라고 그들만큼의 애향심이 없을 소인가 하고 지필묵을 잡고 보니 애향심은 넘치나 실력이 따라주지를 않았다.

아내도 허구한 날 비닐하우스 속에서 일하느라 새벽 동네 청소나 마을 대항 체육대회 한번 제대로 참석 못 한 나보다는 배 나온 동네 이장 같은 사람한테만 애향심이 있는 줄 아는 모양인지 어느 날 신도시 결사반대를 외치는 기사를 보고는 저 정도는 되어야 애향심을 논할 가치가 있다고 말하는 소리를 듣고는 김포 검단지구를 인천시에 편입하는 것에 대한 반대 데모에 내가 가담했던 사실을 강조했다.

동원된 인원이라야 김포 인구에 비례한다면 조족지혈에 불과했지만, 그 적은 데모 인원에 내가 가담했다는 사실을 아내도 알고 있으련만, 그것에 대해서는 일체 함구를 하는 것이 아내가 잊은 것 같아 데모에 가담했던 사실을 강조하자 아내는 웃으며 말하기를 관제 데모에 동원하기 위해 이장이 술 사 준다고 하니까 술 생각에 출렁대고 좇아갔다가 전경 방패에 맞아서 팔꿈치 허물만 벗겨져 쫓겨 온 것이 무슨 애향심이냐며 주(酒)향심이나 하라고 비꼬아댔다.

아내는 관제 데모를 조장했던 공공기관의 높은 사람이나 이장만 애향심이 있는 것으로 아는데 육이오 때 부상당한 무명의 상이용사를 홀대하듯이 데모대의 맨 앞 최전선에서 다친 자기 남편을 폄하해서 말하곤 하는데, 왜 나라고 내 동네를 위하는 마음이 없었겠는가마는, 또 나라를 위하는 애국자가 어찌 안중근이나 안창호 김구 선생만 있을까마는 만주벌판 혹은 두만강 강가에서 내 나라를 위해 죽은 무명의 애국자가 좀 많았겠는가?

동네를 위해서 꼭 머리띠 두르고 눈에 확 뜨이는 일을 해야만 애향심이 있는 건 아닌데 보이지 않는 음지에서 내 고장을 위하는 무명의 애향자는 왜 잊고 말하는지…

나라를 위한 애국자의 투쟁처럼 내 고장을 위한 나의 애향심을 아내는 몰라도 너무 모르는 것 같아 내심 섭섭하기도 했다.

나의 애향심은 과거 김포군이었을 때부터 시작하여 행정구역 명칭이 김포시로 바뀌어 불리는 오늘에까지 이르른다.

김포시가 김포군으로 불릴 때 쪽파 종자를 구하기 위해 충청도에 갔다. 도착한 시간이 점심때라 식당가를 두리번거리다가 '김포면'이라는 식당 간판이 보여서 앞뒤 생각 없이 들어섰다. 밖에서부터 초라하게 보였던 가게는 안의 모양에서도 별반 다르지 않았다.

보통의 분식집 같은 분위기라 라면에 대포 한잔 걸치고 식당을 나오면서 들어갈 때 보았던 세로로 세워져 있는 간판을 다시 한번 읽었다,

'튀김'
'대포'
'라면'

꼭 가로로만 읽는다는 편견을 버리고 세로로도 읽어보라고 일행에게 말했다.

'김포면'
꼭 넘쳐나는 애향심이 아니라도 우리 국민이 타국에서 불현듯 보이는 태극기에 가슴이 뭉클하듯이 나 또한 타지에서 '김포면'이라는 글씨에 이끌려 초라한 분식집에 들어간 것이다.

사심과 이기심이라는 잡티와 불순물이 제거된 물 같은 애향심이야말로

진정한 애향심이 아닐까?

무색무취 무미의 애향심이어서 남이 보지 못해 알아주지 않으면 어떠한가? 내게 애향심이란 마음만 있으면 됐지. 비록 가까이 붙어사는 아내가 몰라줄지언정 개의치 않는다.

나의 애향심은 내 마음으로 품고 나만이 간직하련다.

용화사*

▬▬▬▬ 한강 하류 김포시 운양리 강변에 사찰 용화사가 있다.

　법당 앞으로 썰물과 밀물의 윤회를 몇 억겁 반복한 한강 물이 윤회하기 이전 언제인가 인간이었을지도 모를 물고기를 보듬어 안고 흐른다.

　인간이 살아가기를 '높고 낮음 없이 흐르는 강물만 같아라' 라는 부처님 설법을 인간들은 멀리하고 대신 강바람이 부처님 설법 듣고자 철책선을 넘어 법당에 들어서 깨달음을 얻고 극락정토 찾아간다.

　강물 속 헤엄치는 물고기가 오월 단오나 백중사리 때 손대신 배에 붙은 지느러미를 합장하여 부처님께 예를 올리고 깨달음을 얻은 물고기가 어부에게 몸 보시하고 사찰에 비늘 모양의 기와지붕이 되었다는데…….

사랑에 빠진 인어공주는 목소리를 저당 잡히고 꼬리 대신 다리를 얻어 사람으로 되었다가 이루지 못한 사랑으로 죽어 물거품이 되었다는데…….

강의 물고기는 누구를 사랑하다 뜻을 이루지 못하고 사찰의 풍경이 되어 처마 끝에 매달리어 강 건너 바라보며 청아한 소리로 불경을 설파하고 있다는데…….

옛날 신라의 혜초스님이 오천축국(五天竺國)을 찾아갔듯이 가을을 맞아 아득히 먼 북구의 기러기와 오리가 부처님 설법 듣고 깨달음 얻고자 날아와 강 위와 논바닥에 앉아서 백팔 배 하며 부처님 설법 기다리니 자비로우신 하느님께서 보름을 맞아 어두운 강물 위에 둥근 조등 하나 내 걸어 주셨다는데…….

철 지난 뒷산 상수리 하나가 머리 삭발하고 떨어져 바위에 부딪혀 깨달음을 얻어 목탁 소리 내며 굴러 부처님 앞에 엎드렸고 만조를 향해 흐르던 밀물도 부처님의 설법 듣고자 흐름을 멈춘 위로 스님의 불경 소리가 낭랑하게 울리는데…….

마하반야바라밀다심경
일체를 초월하는 지혜로 깨달음의 부처님 말씀

관자재보살 행심반야바라밀다시

관자재보살이 깊은 반야바라밀다를 행할 때

조견오온개공 도일체고액 사리자
오온(다섯가지 쌓임)이 모두 공한 것을 비추어보고

온갖 괴로움과 재앙을 건지니라

*용화사–김포 운양동 한강 변에 위치한 사찰

우리 동네 사장님

지인 중에 도예 공장을 하는 방 사장이 있다.

굳이 인물평을 한다면야 마주 보고 얘기라도 나눌라치면 일 미터 칠십의 키인 내 머리를 뒤로 젖혀야만 그의 얼굴을 마주 볼 수 있다. 또 그 높이에 달린 눈 또한 와이셔츠 단춧구멍만 하다는 내 눈의 세배는 됨직하게 크다.

그러한 눈이 잠시도 가만히 있지 않고 이글거리는 것이 완전히 무인(武人)상이다.

왜 이렇게 서두에 인물평을 하느냐면 신체의 모든 것이 나의 두배에서부터 두배 반(半) 배까지 큰 신체의 소유자가 만드는 물건이라는 게 앙증맞기 그지없는 찻잔이나 공기그릇 같은 작은 것을 만들기 때문이다.

   모양도 가지각색 천차만별이라 어떤 것은 내 마음대로 고려청자나 조선백자에 견주어 보기도 하지만 방 사장은 굳이 상품을 가치로만 따질 수 없는 물건이 아니라는 겸손의 말을 듣고 나의 무지에 가까운 예술적인 안목으로 곡선으로 된 제품은 예술품이고 직선으로 된 제품은 상품으로 정의를 내리기도 했다.

   방 사장은 폭넓게 행동하는 사람이라 언변도 좋을 것이라 어디 나가서 내 물건 자랑으로 예술품이라고 떠벌려도 좋으련만 도통 자기 물건에 관해서 얘기하는 것을 들어 본 적이 없었다.

   그 방 사장의 공장도 IMF 때 자금난으로 도산 위기까지 몰렸는데, 은행 결재를 막기 위해 급전 구하느라 제정신이 아니라고 했다. 절체절명의 순간이라 제때 끼니도 챙기지 못하고 자가용도 굴릴 형편이 못 되어서 버스를 탔는데 방사장 옆자리에 앉은 사람이 힐끗 보더니 잠시 후에는 아예 위아래를 눈으로 훑더란다. 자금난에 시달린 사람이 끼니도 제대로 못 챙겼을 터이니 그 큰 몸골이 오죽했겠는가.

   방사장의 옆자리에 앉은 사람이 한마디라도 간섭하고 싶어서 안달이 난 표정이더니만 이윽고 참지를 못하고 무슨 일을 하느냐고 묻는 말에 대꾸를 안 하자 재차 묻는 통에 신경질이 나서 이 말이나 듣고 떨어지라는 식으로 이쑤시개 공장 한다고 말하며 돌아앉았단다.

   그 말을 듣는 순간 방 사장만큼이나 눈을 크게 뜨고 정말이냐며 직원이 몇이며 얼마나 버냐고 엉덩이를 들썩거리며 묻길래 하도 귀찮아서 사람 한 명 두고 집사람하고 합이 셋이 각자 한 달 월급 정도나 챙긴다고 말해줬단다.

그 말이 정말이냐며 돌아앉은 방사장 팔을 잡아채며 묻더란다.
눈 큰 사람이 겁이 많다는 말이 있지만 성질 또한 불같은지라 욱! 하면서도 세상 참 좋아졌구나! 하며 참았단다.

박정희 정권이 서슬 퍼렇던 시절에 간첩 식별법 중에 모르는 사람이 쏟는 이유 없는 관심도 간첩 신고 대상이라 신고만 하면 끌어다가 간첩을 만들 수도 있던 시절이었으니 포상금도 받을 수 있으련만 당시는 개성에 공장을 만드는 시대라 간첩이라고 신고해 봐야 시대에 부응 못 하는 사람으로 취급 받을 것 같아 참았는데 분위기 파악도 못 하고 눈치가 모자라기 짝이 없는 옆자리의 손님은 한술 더 떠 시간 있으면 내려서 술이나 한잔 나눌 수 있냐고 말하는 데는 기가 차더란다.

방사장이 어이가 없어서 정신 빠진 사람이 아닌가 싶기도 하고 한편으로는 의심도 생겨서 대체 나한테 뭘 얻기 위해 그러냐고 짜증을 내니, 그제야 옆자리에 앉은 사람이 말하더란다.

자기는 종업원 댓 명 둔 화투 공장 사장이라고 여태까지 공장을 운영해 오며 주위 친지나 친우들 심지어 가족에게까지 얘기를 안 했단다. 그런데 오늘은 화투보다도 더한 이쑤시개를 만드는 공장 사장도 떳떳이 말하는 것을 듣고 용기를 얻었단다. 이제는 남들에게 떳떳하게 말하고 행동하겠다고 말하더란다.

그러며 자기가 만드는 물건이 돈벌이는 된다고 말하는데 서양 녀석들이 화투를 모르는 탓으로 수출이 안 된다고 걱정할 필요가 없다고 말하며 내수만 바라보는데도 공휴일 빼고는 기계 세우는 날이 없었단다.

단기 소모품이라 항시 물건이 달린다고 했다. 어쩌다 재활용되는 곳이라고는 가물에 콩 나듯이 동네 노인정밖에 없으니 확실한 사업이라고 말했다.
　재고가 쌓여도 썩을 걱정을 하나 파손될 걱정도 없고 그야말로 땅 짚고 헤엄치는 격이라 했다. 사장님도 이쑤시개 공장 안 되면 자기네 공장으로 오라고 말하더란다. 나에게 자신감과 떳떳함을 일깨워준 사장님 고맙다며 이제는 집에 가서 가족들에게 자신 있게 말하겠다고 말하더란다.

　동화 속에 보면 세상에서 제일 약하다고 스스로 비관하던 토끼가 개울가로 자살하러 가서, 물속으로 뛰어드는 개구리를 보고는 우리보다 더 약한 동물도 있다는 것을 알고 마음을 돌렸다는 얘기가 있다.
　내가 나서기 이전에 나도 모르게 누군가가 나를 보고 희망을 얻을 수도 있다는 생각에 미치자 나의 초라함이 한결 위안이 되기도 하였다.

　시대가 흐른 지금은 휴대전화에 밀려 영안실이나 가든식당 대기실에서도 화투가 사라지고 식사를 기다리는 손님도 휴대폰만 만지작거린다.

　지금쯤 화투 공장 사장은 어이 되었을까?

장릉 연못

━━━━ 북성산 양지바른 곳에는 용상에 앉아보지도 못하고 추존
되신 원종 왕께서 잠드시어 계시다. 백성에게 구휼 한 번 베풀지 못했지만 사
후에라도 뭇 백성 사랑하는 마음 변치 않아 차 한잔 하사하시었네

봄이면 벚꽃 띄워 화채 한잔하사 하시고
여름이면 녹차 마셔보라 권하기도 하시며
가을 되니 홍차 한잔 마시라 하는데
백성들 하는 일 마뜩잖으면 동안거에도 들지 못하고

냉수 먹고 속 좀 차리라며 얼음 띄워 냉차 한잔 하사하시다

붕어하신 임금의 백성 위하는 마음에
몸 조아리며
성은이 망극하여이다

조강*

━━━━ 세렝게티의 누우떼가 목초를 찾아 우기와 건기 전에 대이동을 한다

누우 떼의 대이동엔 굶주림으로 인한 체력의 고갈과 육식동물의 위협을 동반해야 했고 목숨을 담보로 악어가 우글거리는 강을 건너야 했다

자유를 찾아 황량한 벌판을 지나야 한다
야음을 틈타 강을 건너야 하는데 비와 총알이 같이 쏟아졌어
여덟 살짜리 계집애도 캄캄한 밤에 엄마를 잃고 갯벌에 빠지면서

아프리카의 송아지처럼 앞사람의 등 짝만 보면서
밀물이 들어오는 강의 갯벌을 뛰며 건너야 했어

지금도 텔레비전에 소 떼 이동하는 것만 나오면 텔레비전을 꺼버려

그때 그 강이 생각나서…
그때 그 강 이름이 조강(祖江)이야

* 조강_ - 한강 하류 김포 반도와 개풍 사이를 흐르는 강 이름
  * 김포에 피난민이 모여서 일명 따라지 마을 혹은 피난민촌이라 부르던 양촌면 ㅇㅇ 부락의 할머니 얘기를 요약했음

통진 문학회 사람들

━━━━ 통진 읍내에서 정육 가게를 하는 지인이 있어서 방문했더니 때가 가을인지라 고구마 삶은 것이 나왔다. 대나무로 만든 얇은 채반에 곱게 물든 단풍잎 몇 장 깔아놓은 것이 너무 보기 좋아 고구마에 선뜻 손이 나가지를 못하고 눈으로만 먹고 말았다.

단풍잎이 깔린 고구마 채반 위에 글귀가 접힌 메모지 한 장이라도 있었더라면, 가을의 이 풍경이야말로 정말 살아있는 시가 될 수도 있었을 텐데…

마음으로만 문학에 뜻을 두었다가 생활전선에 내몰리어 나이를 먹은 지금 한때나마 가까이하지 못했던 문학을 찾아 나선 사람들이라 그들의 일거수일투족이 시로 보일 수도 있고 수필이 될 수도 있었다.

　마음 한구석에 웅크리고 있는 시심을 찾아내어 특별한 시간도 아닌 일과를 마친 자투리 시간에 많지도 않은 인원이 모여 하루의 노동에 지쳤을 등을 벽에 기대기도 하고 거동 불편한 회원을 부축하기도 하면서 회원 서로 간의 건강을 염려하고 격려하며 볼펜을 잡았다.

　무엇보다도 배려하는 마음에서 나오는 언사와 행동에서는 이 모임이 문학단체의 성격보다는 마치 하루를 마감하고 저녁을 끝낸 사람들이 동네 사랑방으로 마실 나온 모양새 같았다.

　약주 좋아하는 나이 드신 회원을 배려하는 마음에 살며시 밖에 나가 옷깃에 술 한 병을 준비하는 회원을 보노라니 어느 며느리가 저럴까 싶은데 그 모습을 보고 있자니 시는 꼭 연필로 종이에 쓰는 것만도 아니라는 것을 알았고 행동으로도 쓸 수 있다는 것을 그때 알았다.

　　글을 잘 쓰는 것도 아니면서 화려하지도 않고
　　마치 풀꽃 같은 사람들이 글이 좋아 무리 지어 공부하는 '통진문학회'

　　　　풀꽃 / 나태주

　　　　자세히 보아야
　　　　예쁘다

　　　　오래 보아야
　　　　사랑스럽다

너도 그렇다

글이 좋아서 모여 근 삼 십여 년을 자세히 보았다.
오래 보았으니 안 예쁘래야 안 예쁠 수가 없다. 풀꽃의 시에
'너도 그렇다'는 얘기가 아니다.
바로 '통진 문학회' 사람들이 그렇다는 얘기다.

외로움을 소환하다

남자는 흔들리는 여자의 윗도리가…
여자는 흔들리는 남자의 아랫도리가…
서로 다른 위체에서 흔들리는 것에…
호기심…
신기함을 느끼고…

2부_

TV에 나온 집

▬▬▬▬ 통진 농협에 볼일이 생겨서 가는데 너무 졸려 통진 공영 주차장에 차를 주차하고 혜숙 씨 집에 들러 커피 한잔으로 잠을 쫓았다.

농협에서 일을 마치고 내려오는 길에 보니 작은 가게 문에 'TV에 나온 집'이라고 쓰여 있었다. 어린이용 미숫가루를 만드는 집이라 한다.

요즈음의 웬만한 음식점에는 으레 한두 개 정도는 '어느 TV에 방영된 집'이라는 글자가 상호처럼 붙어있다. 규모가 큰 먹자골목이라던가 관광지의 음식점 중에는 경쟁이라도 하듯 'TV에 방영된 집'이라고 붙어있는 것을 볼 수 있다.

'어느 TV에 방영된 집'

'무슨 TV에 소개된 집'을 뒤쫓듯이…

'모 TV에 방영될 집' 한 수 더 떠서

'TV에 아예 안 나올 집'이라고…

이렇게 써 붙인 고집스러운 현수막이 실소를 자아내게 한다.

상황이 이러하다 보니 TV에 나왔다고 써 붙인 현수막이 나에게는 금시 발복할 효험이 깃들인 부적처럼 보이기까지 했다.

더운 날씨에 자동차 에어컨을 가동도 하지 않은 채 통진 까지 갔다 오느라 땀 흘리는 것을 본 아내가 당신 머리만 봐도 덥다며 사자 갈기털 같은 머리 좀 깎으라고 다그치는 소리를 듣고는 이십 대 들렀던 그 이발소가 생각났다.

당시에 머리 깎으러 이발소를 가는데 공장에 같이 다니는 친구가 말했다. 'TV에 나왔던 이발소'라고 점심에 설렁탕 한 그릇을 먹더라도 이왕이면 'TV에 나왔던 집'으로 가는데 하물며 머리를 깎는데, 같은 값이면 'TV에 나왔던 이발소'를 찾는 게 당연했다.

뭔 'TV에 나왔던 집'이라고…

현수막이라도 한두 장 걸려 있을법한 이발소에는 현수막은커녕 헝겊 한 장 걸려있지 않았는데 주인아저씨가 암만 과묵해도 한 번쯤은 방송에 나왔던 집이라고 자랑이라도 하련만 그 입은 밥 먹을 때만 여는 입으로 착각할 정도로 열리지 않았다.

차례를 기다리는 동안에 이발사 입이 열리기를 바라던 내 입이 먼저 열렸다. 이발소가 방송에 나오게 된 동기며 누가 추천한 것이며 당시의 기분이 어땠냐는 둥, 방송에 나왔으면 남들처럼 과시용이나 선전용으로 현수막이라도 한 장 걸고 자랑이라도 해야 하지 않겠냐고 내가 이발소 홍보부장이라도 된 것처럼 떠벌렸다.

내 얘기를 조용히 들으며 손님의 머리를 깎고 있던 이발소 사장의 입이 드디어 열렸는데 과묵한 인상처럼 그 목소리도 과묵하게 조용히 깔렸다.

그래도 내 귀에는 정확히 와 닿았다.

"1절로 끝내거라 2절 이어서 읊다가는 아갈통 날아간다!"

나중에 알았다.

그 이발소가 방송에 나오기는 나왔다.

모 TV 저녁 9시 뉴스에 나왔는데 퇴폐 영업하다 단속반에 걸려서 이발소에서 끌려 나오는데 점퍼로 얼굴 가린 사람이 바로 그 사장이었다.

그 사장이 말하던 아갈통이 아직 멀쩡한 것을 보니
그때 내가 2절은 읊지 않은 모양이다.

고무신

━━━ 나 신기가 역겨워 가실 때에는 말없이 고이 보내 드리우리다. 그간에 마음 두었던 신발 있으면 골라 신어 사뿐히 즈려밟고 가시옵소서.

마음이 변하는 것을 두고 흔히들 고무신 바꿔 신는다 하지 않습니까? 임이 신발 바꿔 신는다는데 뭐라 말하지는 않겠지만 '헌신짝 버리듯' 한다는 마음은 부디 갖지 마소서. 아직 바닥의 물결무늬 지문이 시퍼렇게 살아있답니다.

가시는 길 발바닥의 지문이라도 지워놓고 가신다면 여한이나마 없겠습니다만 걸음걸음 바쁘실 것 같아 아무 말도 하지 않겠나이다.

추야 장장 기나긴 밤에 저를 마룻바닥 밑에다 벗어놓고는 따뜻한 거실에서 실내화 끌고 다니는 소리 듣고 가슴도 쥐어 뜯어봤고 정장 차림으로 외출할 때 저를 밀어내고 구두 신고 나서는 모습을 보고 이내 속 까맣게 타들어가기도 했답니다.
서운한 마음이 어디 한두 번 이었겠냐마는…
그래도 나를 버리고 가시는 임에게 십 리도 못 가서 발병이나 나라는 악담이야 어이 하겠습니까? 제가 이런다고 자존심도 없는 줄 아시면 아니 되옵니다.

모자 쓴 얼굴 밑으로 몸을 가리는 상의와 하의를 떠받치며 사는 밑바닥의 미천한 것이기는 하지만, 굽힐 줄 모르는 절개만큼은 알아주셨으면 합니다. 찢어져 못쓰게 될지언정 일그러지거나 굽히는 꼴은 절대 안 보여 드리렵니다.
좌우가 바뀌는 것도 용납지 않는 저의 올바른 몸가짐 잘 아시지 않습니까? 신기 편함에 순응코자 뒤꿈치 숙이는 자존심 상하는 짓은 저에게는 도저히 있을 수 없습니다.
꺾인 운동화나 뒤꿈치 접힌 구두의 적당히 타협하는 꼴을 눈 뜨고는 볼 수 없습니다. 저의 치켜세운 콧대만 봐도 짐작하시잖아요.

*프로크루스테스의 침대라고 들어보셨는지요?

저를 신고자 할 때 발이 안 맞는다면 발을 줄이든가 늘이든가 해야 하는데 참, 끔찍하지요!

제 일생에 뒤꿈치 숙이는 일은 절대 없을 테니까요.

하지만 저가 고집스러울 정도로 편협한 것은 또한 아닙니다. 한번 마음 주고 나면 사람을 편안하게 해주기도 합니다. 궂은데 험한 데를 가리지 않고 주인이 딛고자 하는 곳은 불평 없이 물불 안 가리고 찾아가는 충성심도 있습니다.

신발이라고 한결같이 인간의 발바닥에서 고생만 하는 것으로 생각하시는데, 신발 중에서도 입지전적인 신발이 있었던 것을 기억하시지요?

'유리 구두' 라고…

참 신화 같은 존재인데 계모 밑에 사는 천민 신데렐라를 왕자님께 끈을 닿게 해주었잖아요. 그 후로 유리 구두는 왕세자빈이 된 신데렐라에게 두고 두고 사랑을 받았을 거예요.

신발이 주인께 두고두고 사랑을 받는다면야 말할 나위도 없으련만, 닳지도 않은 신발을 마구 버리는 행위만큼은 없었으면 좋겠습니다. 나 하나 버림받으면서도 아무 말 못 하는 처지에 주제넘게 온갖 신발 걱정을 다 하네요.

신발은 닳거나 찢어지는 것으로 그의 명을 다 한다고 하지만, 신발의 주인인 사람은 숨이 끊어져서야 명을 다한 것이라네요. 죽어 저세상 가는데 한 켤레의 신발도 신지 못하고 버선발로 가면서 살아생전에 뭘 그리도 신발 욕심을 냈는지…

호사스럽고 때로는 간들거리던 그 많은 신발 다 어디로 가고 생전 안 볼 것 같이 밀어놨던 이 고무신이 사자 밥 옆에서 고인을 보내게 되었네요. 저는 밸도 없는지 아니면 저가 무슨 조강지처라도 되는 줄 아는 모양이지요.

나 신기가 역겨워 가신님에게는 죽어도 아니 눈물 흘리오리다.

*프로크루스테스(그리스어: Προκρούστης)는 그리스 신화에 나오는 인물이다.

신화에 따르면 프로크루스테스는 그리스 아티카의 강도로 아테네 교외의 언덕에 집을 짓고 살면서 강도질을 했다고 한다.

그의 집에는 철로 만든 침대가 있는데 프로크루스테스는 행인을 붙잡아 자신의 침대에 누이고는 행인의 키가 침대보다 크면 그만큼 잘라내고 행인의 키가 침대보다 작으면 억지로 침대 길이에 맞추어 늘여서 죽였다고 전해진다. 그 침대에는 침대의 길이를 조절하는 보이지 않는 장치가 있어 그 누구도 침대에 키가 딱 들어맞는 사람은 없었다고 한다.

프로크루스테스의 악행은 아테네의 영웅 테세우스에 의해 끝이 난다. 테세우스는 프로크루스테스를 잡아서 침대에 누이고는 똑같은 방법으로 머리와 다리를 잘라내어 처치했다. 프로크루스테스를 처치한 일은 테세우스의 마지막 모험이 된다.

프로크루스테스의 침대라는 말은 바로 이 프로크루스테스의 이야기에서 유래된 말로 자기 생각에 맞추어 남의 생각을 뜯어고치려는 행위, 남에게 해를 끼치면서까지 자신의 주장을 굽히지 않는 횡포를 말한다.

―위키백과

누님

채송화 한 그루가 화단 앞마당에 피어있는 것이 보였다.
마당에 잡풀과 함께 섞여 있어 하마터면 잡풀로 취급당할 뻔했지만 그렇다고 해서 귀하게 대접받을 만한 꽃도 아니라 잡풀과 화초 사이에서 구분 짓기가 참으로 어중간하다.

장미처럼 화려하지도 백합처럼 고귀하지 않고 해서 밭두렁에 피어있는 잡초처럼 천하게 보이지도 않는다. 그렇다면 꽃의 매력이라 할 수 있는 향기라도 있는지 모르겠다. 키도 자라지 않아서 땅바닥에 붙어있다시피 하니 꽃 향기 맡기에도 난감하기 그지없었다.

그렇다고 찔레꽃처럼 향긋한 냄새가 나는 것도 아니고 코스모스처럼 키라도 적당하여 코를 제대로 갖다 댈 수 있는 것도 아니다. 그러고 보니 채송화가 향기가 있는지조차 모르겠다.

예쁘지도 못하고, 향기마저 없다면 해바라기처럼 든든한 줄기라도 갖추었으면 좋으련만 그도 아니다.

나팔꽃처럼 비위 좋게 남이라도 타고 감고서 살아간다면 그런대로 안쓰럽지도 않으련만, 기지개도 켤 줄 모르는지 땅바닥에서 일어서려는 기색이 조금도 보이지 않았다.

여름 태풍에 화단의 꽃들이 저마다 죽겠다고 널브러진 몰골인데 빗물에 패인 마당 가에서 떠내려가지 않고 땅에 붙어있는 것이 용하기만 했다. 잎이라고 부르기에도 민망한 잎과 꽃이 빗물에 튀긴 흙탕물을 뒤집어쓰고서도, 구름 사이로 비치는 햇빛에 방긋 웃는 여유로움에는 혹시 백치(白痴)가 아닌가 하는 생각이 들기도 했다.

가을이 되어 꽃들이 저마다 품었던 씨앗들을 분가(分家)시키려고 짧은 가을 해를 아쉬워하기도 한다. 해바라기는 다복(多福)과 다산(多産)을 꿈꾸며 얼굴에서 미소가 사라지지 않고 또한 단단하고 야무진 새끼를 낳는다고 분꽃은 이름에 걸맞지 않게 꽃잎을 말아 쥐기도 한다.

수줍음 많이 타던 봉숭아도 이때만큼은 엉덩짝을 있는 대로 벌려가며 씨방의 새끼를 순산하건만 마당 가에 있는 채송화는 계절상으로 임신했다는 것은 짐작하건만 볼록한 씨방도 보지 못했고 출산하는 것도 보지 못했는데 그제 꼭 채송화 같기만 하던 누님으로부터 기별이 왔다.

채송화 씨 같기만 한 누님의 딸이 결혼한다고……

누님은 어렵게 살아가면서 남에게 자랑할 만큼 해바라기나 분꽃만큼의 번듯한 자식 농사는 짓지 못했지만 그래도 척박한 가정에서 자식이 바르게 자라서 결혼하게 되었으니 바쁘더라도 왔다 가라고……,

　가야지요. 가고 말고요.
　비록 볼품없고 촌스럽기 그지없는 채송화 같은 삶이지만 너의 엄마 삶 같지 않게 너만큼은 화단(花壇)에서 안락하게 자리 잡고 항시 웃으며 살라는 덕담 한마디 꼭 해야겠습니다.

도장

▬▬▬ 흑룡의 해에 흑룡이 조각된 도장에 이름 석 자 새겨 운수대통하라는 장마당 이동 도장포 사장님의 말에 솔깃해하는 기미를 보이자 명절 준비하러 같이 나선 아내가 잡아채며 꺼먼 용이든 허연 용이든 인주 발라서 이름 찍고 나면 똑같은 뻘건 글씨인데 뭘 기웃하냐며 아직도 정신 못 차렸냐고 한다.

예전에 연대보증에 도장 한번 찍은 것이 잘못되어 고통당하게 했던 전과가 있는지라 어린아이 장난감 가게 기웃거리다 부모 손에 끌려가듯이 아내 손에 잡혀 꼼짝없이 끌려가며 남들은 돈 생기는 일에만 도장 찍는다는데 이놈의 인간은 어떻게 돼먹은 건지 돈 나가는 일에만 신이 나서 도장을 찍어대는지 모르겠다는 지청구에 후렴구까지 곁들여 들었다.

　선거철을 앞두고 지역구 국회의원 출판기념회를 하는데 얼굴도장 찍어야 한다며 지역에서 행세깨나 한다는 인물들이 출판기념회장에 몰려들 가는데, 나 같은 막도장 같은 위인은 거기에 낄 계제도 안 되는 것 같아 막걸릿잔에 입 도장만 찍고 앉아 있었다.
　얼마 전 문중에 나보다 나이 더 드신 조카님이 동사했다는 연락을 받고 병원 영안실에 문상 간 적이 있었는데, 망자나 그 자손이 정승 자리하고는 워낙 거리가 멀리 떨어진 사람이라 누구누구 왔는지 눈도장을 찍으려 해도 찍을 사람이 없어 술잔에 입 도장만 찍고 왔던 기억이 씁쓸하다.

　심수봉의 '비가 오면 생각나는 그 사람' 이라는 노래가 있듯이
　나에게도 '눈이 오면 생각나는 그 사람' 이 있다.

　그 친구는 시류에 편승하지 못하다 보니 사는 것 또한 늘 이태백이 흉내를 내는데, 술 마시는 것은 초단 실력이요 글(書) 쓰는 실력은 6급이다 보니 사는 형편이 그야말로 일엽편주에 몸담고 있다면 딱 맞는 표현이 될 것이다.

　비가 오나 눈이 오나 그야말로 마음이 울적해져서 창문에 턱이라도 괴고 있을 때 찾아가면 말로나마 융숭한 대접을 받기에 찾아갔더니 가는 날이 장날이라고 그 친구는 출타 중이었다.
　그의 부재를 알리는 철문 앞에 하늘에서 깔아놓은 하얀 여백에 왔다 갔

다는 도장 하나 찍어놓고 왔다.

    물기를 잔뜩 먹은 눈이라 흑룡의 도장보다 선명하게 찍힌 발 도장을 그 친구는 한 번에 알아보리라.

    어떤 인감도장이 이보다 더 확실할 수 있을까?

명함

━━━━━ 여름 가을에는 바빠서 못했다지만 한가한 때에 방 정리 좀 하라는 아내의 말에 쫓기어 책상 정리를 하였다. 몇 권 되지도 않는 책이 이리저리 쓰러진 것을 정리하고 서랍 속의 명함을 정리하는데 새벽에 들에 나가 밤에나 들어오는 사람이 언제 이렇게나 사람을 만나고 명함을 받았는지 일일이 기억나지 않았다.

명함을 건넸다면 상호 교류나 연락하기 위함이었을 터인데 벌판 한가운데서 고행하는 구도자처럼 일하다 보니 온종일 전화벨 소리 한번 들어보지를 못했고 입에서는 군내가 나다시피 했다.

일상이 그러했으니 명함 한번 제대로 활용 못 하고 정리하는데 명함을 정리할수록 이름 석 자 앞에 붙는 직위와 그 밑에 깨알 같은 글씨로 빽빽이 적힌 이력의 과시형 명함과 이름자 밑으로 점포 상호 하나 달랑 적힌 생계형 명함 두 부류로 갈렸는데 과시형 명함이라지만 내 사회적 지위나 사람 됨됨이가 작아서인지 정승 판서 정도의 명함은 고사하고 거상 정도의 명함 한 장 끼어있지 않았다.

트럭 한 대가 전 재산이라며 계분 운반으로 생계를 잇는 김 사장 명함으로 인해 몇 달간 아파트 전세 계약 하나 맺은 것이 전부였다는 부동산 사장님 명함이 생계를 호소했다.

농기계수리센터 기사 명함 들판까지 배달된다며 건네받았던 짜장면집과 다방, 인력 시장 옷 수선집 분식집 기쁨과 슬픔을 함께 공유하자는 꽃집의 명함이 산동네 갑남을녀처럼 서랍 안에 옹기종기 모여 있다.

지금은 어느 곳에 사는지도 모르는 후배가 건네줬던 명함과 인력 시장 나가는 친구가 한때 개업을 알리며 전해준 명함이 추운 날 명치끝을 울렸다. 사계절 걸치는 옷 중에 한 벌만 팔아줬어도 이렇게 죄인 같지는 않았을 터인데 명함 속에 꽃 한 포기 피어있는 것이 보였다.

'꽃씨 맘씨'

참으로 앙증맞기 그지없는 것이 그림으로 액자에 넣어도 손색이 없을 정도로 예쁜 명함이다. 명함에는 활짝 꽃이 피어있었지만 꽃 가게는 일 년도 되지 않아 만개도 못 하고 접어야 했다.

같이 활동하는 문우가 화원 개업한다며 꽃씨를 뿌렸지만 나의 맘씨가 부

족하여 가게가 번창하지 못하고 닫은 것만 같아 명함만 내려다보며

"내 탓이요! 내 탓이요! 내 큰 탓이로소이다."
통회(痛悔)의 기도만 드릴 뿐이다.

묘비명

━━━━━ 어버이날을 맞아 화분 하나 들고 부모님 묘를 찾았다.
천주교 묘원이라 하얀 성모마리아 상 밑으로 묘와 비석이 줄지어 있었다. 묘비명을 보니 작년까지만 해도 성당에서 성가를 같이 부르던 분이 이곳에 누워있었고 병원에 입원해 있다고 하여 환자를 방문했던 신도도(교회식 표현대로 하여) 요단강 건너가 이곳에 잠들어 있었는데 묘비에는 천편일률적으로 본(本)과 이름이 쓰여있고 그 밑으로 교회의 세례명이 적혀 있었다.

이 세상에 태어나서 부모님이 지어주신 이름 석자는 비석에 남겨놓고 마태오, 시몬 바오로 마리아 막달레나 등 성인의 이름을 받아 하느님 세상으로 들어간 것이다.

　부모님 묘를 참배하고 시간이 있어 가슴에 아련히 남는 비문을 찾아보다가 이 묘원이 왜 이리도 조용한가를 알아냈다.
　묘비의 이름 밑에 천편일률적으로 '주님 품 안에 고이 잠드소서'라고 비문이 씌어 있었으니 그들은 잠들어 있을 것이다.
　깨어있는 사람이라고는 나와 내 아내뿐이었는데 우리도 입 다물고 있었으니 묘원이 그야말로 조용하다 못해 괴괴 잠잠했다.

　매장이 한창일 때가 있었다.
　장례식에 일 보러 갔다가 공동묘지를 둘러보면 가슴이 아릿해지는 비문이 발길을 붙들어 놓고는 했는데 가슴을 울리는 아련한 문구가 눈에 쉽게 띄지를 않아서 아쉬움이 남기도 했다. 경직된 문화와 전통을 따르는 관습이 빚은 결과인지도 모르겠다.
　우리보다 방식이 다르고 자유분방한 삶을 사는 서양 사람들의 비문이나 묘비명을 책으로나마 접하다 보면 한 위인의 전기를 읽는 이상의 감동을 얻기도 하며, 교과서 이상의 의미를 되새기게도 한다.

　'주님의 품 안에 고이 잠드소서'라는…

　천편일률적인 비문에 발길을 돌리는데 그중 눈길을 끄는 묘비명이 있었다. 비문이 아니고 이름이 적힌 묘비명 때문이었다.

비석 뒷면에는 돌아가신 망자 후손의 이름을 나열하여 적어 놨는데…
그중 하나의 묘비 뒷면에 비석 면적에 비해 작게 이름이 새겨 있었다.

女- 샛별 이슬 하늘…

이름을 보아하니 당시 어린아이들 같은데…
저 어린 것들을 두고 어떻게 눈을 감았을까? 어린 자식하고 생이별할 때는 생초목에도 불이 붙는다고 했는데 그 비석에 새겨진 이름만 보고도 마음이 짠하고 가슴이 뭉클했다.

혹 어린 것들 생각에 원귀가 되어 천국에도 못 들고 구천을 떠돌지나 않나 하늘을 올려다 보며 묘원을 내려오다 생각해 보니 묘비명이 그 어떤 비문보다 처절히 가슴에 박혔다.

문신

▬▬▬▬ 밭에서 일하다가 통진 문학 모임에 참석하고자 통진 읍내 시장통에 있는 목욕탕에 갔다. 잠시 탕 속에 들어앉아 눈 지그시 감고 있는데 물이 일렁이는 것이 누군가 탕 안으로 입수하는 것 같다.

눈을 슬며시 뜨다 말고 "앗" 소리도 못 내고 마음으로만 지르고서는 얼른 눈을 감아버렸다. 용 한 마리가 탕 속으로 미끄러져 들어온 것이다. 덩치는 해병대 현 순길 원사 정도나 될 만한 덩치에 용 문신이 발뒤꿈치쯤에 꼬리를 내리고 온몸을 휘감아 돌아 오른쪽 어깨에서 입을 벌린 흑룡이었다.

허허 그것참 …

살다 보니 용하고도 한 못에 들어앉을 줄이야 어이 알았겠는가?

시간이 없는 탓도 있었지만 다른 뜻도 있어서 때도 못 밀고 얼굴에 로션을 찍어 바르는 것은 고사하고 머리 빗질도 못 하고 목욕탕을 뛰쳐나왔다.

지금쯤이면 천둥 번개가 치면서 목욕탕 지붕이 날아가고 용이 승천할 것이라며 뒤를 돌아보았지만 조용했다. 아마 그 용은 목욕탕에서 승천도 못 하고 이무기가 된 것만 같았다.

어떤 사람이 폭력행위 등 법률에 관한 위반 혐의로 감옥에 들어갔다.

알아듣기 쉽게 말하자면 사람을 때려서 감방에 갇혔는데 죄목이 그렇다 보니 갇힌 사람 면면이 폭행, 절도 같은 죄목으로 복역 중이다.

좀 더 무섭고 단순하게 표현하자면 흉악범이라 하는데…

몸에는 저마다 용(龍) 문신과 호랑이 문신이라 안에서 싸움이라도 벌어지면 그야말로 중국영화 '용쟁호투'가 따로 없었지만 용과 호랑이가 엉키는 그 살벌한 판에서 착한 사람도 있었다.

등 짝에는 징그러운 용이나 무서운 호랑이 문신이 없을 정도로 순한데 그 순한 마음이 어느 정도냐 하면, 상처 꿰맨 흔적과 담뱃불로 지진 자국이 있는 팔뚝에 '차카게 살자'라는 문신을 새길 정도로 순한 마음을 간절히 간구하는 사람이다.

그 감방에 입실하면 문신은 의무라 하여 단순 폭행인 초범도 문신을 어김 없이 새겨야 했다. '차카게 살자'라는 문신이 근 한 달이나 걸려 가면서 초범의 등에 하느님 말씀 잘 듣고 두 번 다시 이곳에 들르지 말라는 염원을 담아 이례적으로 '주기도문'까지 새겨 넣은 것이다.
그것도 한글이 아닌 영어 소문자로……

등짝에 새긴 기도문 덕분이었는지…
조기 출소하여 목욕탕에 들어가 때를 밀고 있었다. 흔히 문신하면 얼추 용, 호랑이, 독수리, 차카게살자 인데 등짝 한바닥 가득 영어로 새긴 문신을 의아하게 보던 사람이 문신을 새긴 당사자에게 등의 문신 글자가 무슨 뜻이냐고 물어보았다.

문신한 그가 대답하기를…
한 번도 읽어보지 못한 글씬데 무슨 수로 그 내용을 안단말이요?
당신 같으면 읽지도 못한 글의 내용을 알겠소?

상(賞)

▬▬ 우리 동네 1리 이장이 농업인의 날 상을 받았다.

식량 작물 분야에서 고품질 친환경 농산물 생산에 주력 경쟁력 제고와 고향을 생각하는 마음으로 지역 사회발전에 기여했기 때문이란다.

그간 당사자의 노고가 한 장의 패에 함축되어 있어 상패만 읽어보고도 당사자의 희생과 노력을 알 수 있었다.

칭찬이 쌓이다 보면 상을 받는다고 한다.

어떤 분은 상 받기도 지겹다는 소리를 했다는데 그 상을 받기까지의 과정에 이르기까지 봉사와 노력은 얼마나 했을 것이며 수고한 것은 일일이 열 거도 못 할 것이다.

성격이 남 앞에 나서는 것을 싫어하는지라 머리보다는 꼬리 쪽에 붙어서 피동적으로 움직이다 보니 타의 모범이 되는 일은 아예 모르고 살았다. 그러다 보니 모범적이고 봉사적인 사람들에게 수여하는 상장 또한 나하고는 관계없는 일이라고 생각했다.

어느 날 느닷없이 표창장을 받으러 오라는 연락을 받았다.

예비군의 날 행사에 모범 예비군 표창장을 수여하는데 내가 선정되었단다. 이변이 기상이변만 있는 줄 알았는데 일상의 이변도 생긴다는 것을 그때 알았다.

상 받기 전부터 시간이 날 적마다 상 받을 짓을 한 일을 곰곰이 생각해 봐도 한 톨도 생각이 안 나서 결국 양심의 가책을 느껴 시상식에 참석을 안 했다.

저녁 늦게 예비군 중대 본부 기간병으로부터 전화가 왔다.

표창장을 대신 받아놓고 중대장님 이하 기간병들이 기다리고 있단다.

그날 저녁 식사비용과 2차까지의 경비를 부담하고 늦은 밤 술에 취한 채 집에 들고 온 것은 표창장 대신 술집 메뉴판이었고 상품으로 받은 시계는 술김에 한두 번 떨어트려서 초침 분침 다 떨어져 나간 흡사 온도계를 방불케 하는 시계였지만 시계의 유리가 깨지지 않은 것이 그저 다행스러울 뿐이었다.

그 당시 술값으로 쌀 4가마 값을 지불한 후에서야 알았다.

그 표창장은 어리바리한 놈 하나 덮어씌워 술값 뜯어내는 도구였다는 것을…

이 글을 쓰는 중에 문인협회에서 전화가 왔다.

회원이 경기 문학 신인상을 받는데 같이 갈 수 있냐고 묻는다.

그 시간에 선약이 잡혀있어 부득불 불참하게 되었는데 경기도 신인문학상하니까 '경기 문학 공로상' 받을 때의 일이 떠올랐다.

내가 경기 문학 공로상 수상자로 내정되었다는 소식을 받고 어안이 벙벙해졌다. 경기 문인협회가 어디 있는지도 모르니만치 경기 문학에 끼친 공로 또한 전무하기 그지없어 공로상이라는 것이 전혀 가당치가 않았다.

양심의 가책보다도 뭔가 잘못된 것만 같아 연락해 준 당사자에게 물어보니 아무 소리 말고 가서 받아만 오란다. 안 갈 수도 없어 경기 문인협회를 찾아가는데, 경기 문인협회가 수원에 있다는 것도 그때 알았다.

수상을 마치고 귀가 중에 버스에서 졸다가 그만 선반 위의 상장을 놓고 내렸다. 그 상장을 한번 만져 본 것으로 만족해야 하는데 아마 하느님께서 전혀 자격 없는 놈이 상 받는 것을 용납하지 않으신 것 같았다.

상 받으러 가느라고 한나절 집을 비웠었으니 그 공백을 아내가 눈치 못 챌 리가 없다. 아내에게 상(賞) 소리 한번 해봐라, 표창장 대신 술집 메뉴판을 들고 온 값으로 쌀 4가마를 날렸던 전과가 있던지라 아내의 눈꼬리가 올라갈 것을 잘 알아서 다른 말로 얼버무렸다.

이렇게 나같이 '상' 받는데 자격 미달인 사람에게 상을 주기 위함인지 행운상이라는 게 있었다. 상에 환장하다 보니 그 행운상이라도 받고자 찜질방 개업하는데 모델하우스 오픈하는 곳 등을 두루 찾아다니며 주소와 전화번호를 기도하는 마음으로 적어 보았지만 행운상은 인파의 머리끝 발끝 저편에서 미소만 짓고 있었다. 행운상이야말로 수상하기가 일반 표창장보다 더 어렵다는 것을 인파에 떠밀려 발등을 밟혀가며 몸소 깨달았다.

초등학교 동창들이 가을을 맞아 강원도로 야유회를 갔다.
그 시간에 단위농협 한마음 축제가 중학교 운동장에서 열렸고 그 행사에도 행운상 추첨이 있었는데 그날 내가 행운상에 당첨이 되었는데 유재철이를 계속 불러도 대답이 없더란다.
그때 나는 관광버스 안에서 소란한 음악에 묻혀 겅둥겅둥 뛰고 있었으니 그 소리가 들릴 리 만무하였다. 그때 내가 받아야 할 행운상품이 대형 LCD TV였는데 애써 찾아온 행운을 피해 나는 강원도로 도망간 짝이 난 것이다.
그 후로 아내는 잘 보이는 거실의 텔레비전은 놔두고 안방에 들어가 오래되어서 화면에 금이 죽죽 가는 LG도 아닌 그 훨씬 전의 상표인 골드스타 표시가 붙은 텔레비전을 보며 무언의 시위를 하고 있었다.
우리 집에 금기해야 할 말(言)이 하나 더 생긴 것이다.

상(욕) 소리만 해도 아내는 화를 내겠지마는…
상(賞) 소리만 해도 사—앙(賞)해하며 눈꼬리 추켜올리며 상복 없는 나에게 조석으로 이상(賞) 대신 이 상(床)을 수여한다.

상고대

겨울 안개가 내려
밤새 피어난 차디찬 꽃이라네
차디차지만 마음만은 푸근하다오

세상 온갖 꽃이
햇빛 받고 만개한다지만, 햇빛 속에
죽어야 하는 비련의 꽃이라네

이내 몸, 곧
죽을 것을 알았기에 소복 입고 피었다오

낙화하는 꽃잎 대신 흐르는 눈물로
짧은 생을 마감하네
쏘아대는 햇빛이 나를 죽이려 하오

미소 한번 반짝 보내주는
거룩함이여

새대가리

━━━━━ 동네 형님이 나보고 새가슴이라고 하데요.

시내 나가서 술집 여자 더듬고 턱턱 팁 얹어주는 것은 자기 같은 독수리들이나 할 수 있다는 말에 이 새가슴은 아무 소리도 못 하고 말았네요.

새벽잠이 없어 책이라도 들여다볼 양으로 왔다 갔다 하니 아내가 잠결에 실눈을 뜨고 새벽부터 촐싹머리 없는 참새같이 부산을 떠냐고 하데요.

졸지에 새가슴과 촐싹머리 없는 참새가 되어버린 나는 언제 독수리가 되려나 높은 허공을 올려다보며 생각해 봤네요.

부리와 발톱을 세우며 매나 독수리가 세상을 휘젓는 그 시간에 새가슴은 시답잖은 글 나부랭이나 쓴다며 연약한 손가락으로 키보드를 헤집고 있는데 옆에서 딱따구리 나무 쪼듯 노트북을 쪼아대는 딸아이가 나보고 '독수리 타법' 하네요.

해냈네요!
나 드디어 독수리 되었네요.

잠시 후 '독수리 타법'이라는 말뜻을 알아차리고는 두루미 다리 접듯 슬며시 한 팔을 접었네요.

글 쓴 것을 메일로 보내라는데 또 잊었네요.
보다 못한 친구가 마지막이라며 엊그제 만들어 준 메일주소를 노트에 적어 놨는데 어느 노트인지 그마저 생각이 안 나네요.

친구가 답답해 죽겠다며 소리치네요.
새대가리!

아버님 영전에 화투 한목 바칩니다

━━━━━ 남자 중에는 군대 꿈을 꾸다 놀라 깨어난다는 사람이 있다고 하는데 대한민국의 남자라면 누구냐 그런 꿈을 꿀 수 있으리…

나도 아버지를 피해 군대를 지원했던 터라 군 복무 중에 간혹 아버지 꿈을 꾸다 놀라 깬 적이 있었다. 아버지가 무서웠다고 말하기도 그렇고 아무튼 아버지로부터 파생되는 괴로움이란 어린 나이에도 불구하고 지긋지긋했다.

어느 작가가 악부전(惡父傳)이란 글을 썼던 것으로 보아 아마도 세상의 아버지가 존경받을 만한 위인만 있었던 것은 아니었는지 어느 날 술에 취한 아버지의 목소리가 제정 러시아 남성 합창단의 낮은음처럼 음울하게 들렸다. 그날의 상황에 따라 파바로티가 되기도 하였지만 내 기억 속의 아버지 모습은 술에 찌들고 노름으로 한 세상 탕진하다 생을 마감한 것으로 각인되어 있어 아버지에 관해 더 얘기한다면 하늘 보기 부끄러워 김병연처럼 삿갓을 쓰고 다니게 될 것 같아 이만 줄여야겠다.

아버지 생전에 불효 한번 저지르지 않아 자식들 올바르게 자랐다고 주위 사람들은 말하는데 어머님 사후에 그만 불효 한번 저질렀다.

생전에 어머니가 말씀하시기를 나 죽거들랑 저 웬수같은 위인과 합장하지 말라고 말씀하셨건만 아버지가 저승에서 술과 노름 끊고 마음잡고 잘 살고 계시니 걱정하지도 마시라며 합장을 했고 어머님의 유언을 어긴 것이 죄스러워서 매장하면서도 청개구리처럼 울어댔다.

청개구리가 엄마의 유언을 듣고 개울가에 묘를 쓰고는 비 오는 날이면 묘가 떠내려갈까 봐 냇가에서 울었다는데 어머님 유언을 어긴 나는 가뭄이 들었을 때 밭작물 말라비틀어지는 것도 뒤로 미루고 합장된 묘를 물로 적셨다.

음력 섣달에 눈이라도 쏟아지면 묘의 눈을 쓸어내리며 생전에 아버지 원망했던 죄를 같이 쓸어내렸다.

지난 음력 섣달에도 눈이 왔다.

명절을 며칠 앞두고 아내와 같이 부모님 묘의 눈을 쓸러 갔다.

고등학교 다니는 아들 녀석이 할아버지 묘의 눈을 쓸고자 시간을 내어 동행해 삽으로 눈을 퍼 날랐다.

어딘가 어설프게 보여 큰소리로 한마디 하려다가 얼른 입을 닫았다.
어느새 나도 아들이 아닌 아버지의 자리에 와 있음을 순간적으로 깨달았기 때문이었다.
설날 성묘를 가보니 천주교 묘원이라 연도를 바치는 성묘객이 있었고, 술 따라놓고 절하는 곳도 보였는데 어머님이 지긋지긋하다는 술은 아버지의 기호식품인지라 묘를 한 바퀴 돌며 부어 드렸다. 망자가 좋아하는 음식을 별도로 장만해 오는 집도 눈에 띄었으나 워낙 대포관주 하시는 분이니 소주 한 병 다 부어 드리란다.

망자가 그리 좋아하는 것이라
또 생전에 가족보다 더 좋아하던 화투장
아버님 영전에 화투 한목 놔 드리기로 했다

묘원 주위의 소나무는 일송정이요 학이라도 한 마리 날아들면 일광(一光)이다. 밑으로 보이는 마을의 매화꽃이 피면 이 매화요 새가 날아들면 이 매조가 되고 드문드문 서 있는 벚나무에 벚꽃이 피면 삼 사구라며 묘원 밖에 서 있는 싸리나무가 사흑싸리가 되도다.
야생 난초 피면 오 난초요 묘원이라 그런지 화려한 꽃이 없어 육 목단이 없는 것이 그저 아쉬울 뿐인데 남의 묘지에 세워둔 붉은 조화로 대신하면 쓰겠고 싸리나무에 붉은 꽃피면 칠 홍싸리요 앞산 봉우리 팔공산으로 생각하면 될 것인데 산 위로 새가 날면 팔 열 끗이요 달이 뜨면 팔 광이다.
야생 국화 피면 구 국준이고, 단풍나무 보이면 풍인데, 고라니라도 한 마리 뛰어든다면 풍 열 끗으로는 그만이다.

야생 동물의 똥이 보이니 십일 똥이요 비가 오면 화투의 마지막 패로 화투 한 목이 채워지는데 누가 빗속에 우산이라도 받쳐 들고 성묘라도 온다면 비 광으로 제격이다.

아버님!
생전에 그렇게 하고 싶던 노름을 끊지도 못하고 돌아가셨는데…
사후 세계라고 못하시면 되겠습니까?
불초 소생 아버님 영전에 화투 한목 바칩니다

묘비명마다 천주교 세례명 새겨진 것으로 보아 아마 타짜는 한 명도 없을 것 같습니다. 아버지만 세례명이 없으신 것으로 보아 타짜는 한 분도 안 계실 것 같으니 돈을 두둑이 따셨다가 아버님 음덕으로 복권이나 한 장 붙게 해주세요. 만약 그렇게만 된다면 저도 가만있지 않고 새 한 마리 흑싸리에 붙들어 매 놓고 사슴 한 마리 단풍나무 밑에 풀어놓아 장사(長四)패 한번 쥐여 드리겠습니다. 그러고 보니 나도 그토록 싫어하는 노름꾼이 된 것만 같았다.

「부모」라는 시에
'묻지도 말아라, 내일 날에
내가 부모 되어 알아보리라' 라는 구절이 있다.
내가 부모 되고 보니 이제야 아버지가 이해 되었다.

어머니의 손맛

▬▬▬▬ 봉성산 뒤쪽 전류리에는 심경님 할머니가 살고 계신다. 논에서 일을 할 때나 하성에 볼일을 마치고 가끔 시간이 나면 들르고는 하는데. 채소밭에 북을 돋거나 깻잎을 따다가도 반갑게 맞아 주는 게 친정아버지 보는 것만큼이나 살가워하는 립서비스가 참으로 기름지다.

할머니를 만난 것은 도서관 시(詩) 쓰기 창작반에서 본의 아니게 성희롱하면서부터였다. 남들이 신경림 씨라고 불러서 그런 줄 알고 이름부터가 시인 신경림 씨와 같다며 나도 신경림 할머니라고 불렀는데 그렇게 이름을 부르면 정색하며 성희롱 좀 그만하라고 자신은 청송심(沈)씨 양반가의 여식으로서 엄연히 근본이 별개이니 더 이상의 성(姓)희롱을 자제하라는 말을 들은 지 일 년이 지났다.

어느 날 지나는 길에 들렀더니 할머니는 반색하며 밥은 먹고 다니냐? 굶고 다니지는 않냐? 들에서 일하다가도 배고프면 들르지 그랬냐며 밭에서 일하던 손을 수건으로 닦으면서도 입과 손이 연신 바쁘다. 잠깐 기다리라고 내가 얼른 밥을 앉힐 터이니 기다렸다 먹고 가라고 하는 것을 만류하는데도 소용이 없어 내가 지고 말았다. 정 그러시다면 국수나 한 그릇 삶아 달라고 말했다.

"거봐! 안 먹었으면서 왜? 먹었다고 그래"라는 말이 떨어지기 무섭게 국수를 끓이면서도 할머니 입은 연신 쉬지 않았다. 받아 든 국수 냄비를 보니 국물이 적었다. 국수는 불어 터지고 국물은 줄어들고 국수가 아니라 국수 풀떼기 같았다.

국물이 있을 때 한 젓가락이라도 더하기 위해 쉬지 않고 입에 넣는데 옆에서 지켜보던 할머니가 혀를 차며 어지간히 허기가 졌구먼, 하면서 물을 한 그릇 떠 왔다. 얼마 남지 않았던 국수는 결국 풀떼기 되어 젓가락질할 수 없어졌고 숟갈로 뚝 뚝 떼어먹게 생겼다. 김치라도 먹어가면서 천천히 먹으라는 말을 듣고 김치를 한줄기 입에 넣었는데 순간! 눈알이 한 바퀴 돌아가고 앞이 캄캄해졌다, 아득한 우주의 행성에서 들리는 듯한 소리가 저 멀리서 들리는 것처럼 나직이 들렸다.

"김치가 쪼끔 실 거야"

한참 후에 정신을 가다듬고 보니 그제야 뱃속에서 찌르르하며 소주 내려갈 때 내는 충격파가 일어났다. 뱃속도 어지간히 놀랐나 보다 경황없이 국수도 한 그릇 먹었겠다 김치 줄기로 놀란 속을 커피로 다독이며 두런두런 얘기도 나누면서 할머니와 배웅 인사 나누는데, 문 앞까지 배웅나온 할머니가 미안한 마음이 들었는지 "동상 국수만 멕여보내 미안해 다음엔 꼭 따순 밥 해줄께" 하는 소리에 시동 걸다 돌아보니 따순밥이 불덩어리가 되어 이글거리며 굴러오는 것이 보였다. 순간 가속페달을 '쌩' 소리가 나도록 밟은 후에야 정신을 차려보니 자동차는 그새 봉성리 벌판에 와 있었다.

전류리에서 출발하여 봉성산을 끼고 한강 변을 지나서 봉성리 벌판까지 왔는데 시간은 일 초나 겨우 걸렸을까? 떡이 된 국수에 답답해하던 뱃속을 시디신 김치로 이만큼 놀래켰으면 됐지 뭐? 따순밥을 해준다고요? 아니 신김치에 눈동자도 놀라서 돌아갔는데 따순밥 해준다면서 다음 방문 때에는 따순밥이라는 불덩이로 내 뱃속을 까맣게 태우려고 그러시나? 오늘 예고 없이 찾아가서 받은 융숭한 대접에 감사드립니다. 덕분에 한동안 잊고 살았던 어머니의 손맛을 찾았다.

먹을 것 귀하던 초등학교 시절 국수를 삶아놓고 밖에서 뛰어놀고 있으면 나의 몫으로 남겨놓았던 국수가 불어 터져 묵처럼 된 것을 부뚜막에 앉아 숟갈로 뚝뚝 베어먹다가 고개 뒤로 젖히고 늘어진 김치 줄기를 입안에 집어넣으면 시디신 김치로 인하여 눈알이 돌아간 것이 아니라 아예 눈동자가 튀어나올 뻔했던 아슴아슴한 기억…

할머니!
어머니의 맛을 찾게 해주셔서 고맙습니다.

엿장수 가위
―베이비붐 세대*의 자화상

■■■■■■■ 쨍그랑!

이 세상에 태어났을 때 내지른 고고성이었습니다.

나 가위로 태어났으니 섬섬옥수에 들리어 야들거리는 옷감이나 자르는 줄 알았는데 출신성분이 다르다 하네요.

가위의 임무는 자르는 것이라 했는데, 어이 된 일인지 우는 것을 운명으로 안고 태어났다니 이내 팔자 기구하기도 하네요. 태어날 때 첫 일성(一聲)이 우는 소리였으니, 도리 있겠나 싶어 징얼징얼 울면서 골목을 누비는 것이 일과가 되었습니다.

못생겨도 가위고 가위의 본분이 자르기인데, 외모부터 다르게 생겼다하여 아예 자르기 기회 한번 주지 않고 등으로 내리쳐 엿을 부러트려 대니, 이 가위의 비애를 어디다 하소연해야 하나요.

양장점의 재단 위에서 늘씬한 각선미를 뽐내며 차디차게 쳐다보는 가위에서는 동족의 의식마저 느껴지지 않네요. 같은 가위이면서 신분이 다르다고 모멸감 섞인 눈빛으로 바라보지나 않았으면 좋겠습니다. 내 주인 말씀 중에 사람 팔자 시간문제라는 말이 있더군요. 누가 아녀요?

가위 팔자 시간문제가 될는지…

골목길 굽이돌고 흘러 구르다 결국 야시장까지 흘러온 처지에 무슨 짓인들 못 하겠습니까. 여자 분장한 주인 손에 잡혀 가랑이 쩍쩍 벌리며 쟁그랑거리는 소리와 코맹맹이 소리로 호객행위까지 불사합니다.

오랜 세월 같이하며 '가위' 너 하나밖에 의지할 곳 없다는 주인의 말을 철석같이 믿었는데, 어느 날 북이란 년을 첩으로 맞아들이더니 아예 신바람이 나서 두드려 대는데 환장하겠네요. 나도 속이 있어 쨍그랑! 거리는 앙칼진 목소리로 대들었다가 엿판 귀퉁이에 머리통을 맞았네요. 세상이 싫어지는데 엿 부스러기가 들러붙어 안기고, 엿판의 밀가루가 헤헤거리며 화장을 해주는데 저것들을 버리고 어디를 가겠습니까?

사실 모진 마음을 먹는데도 들러붙은 엿 부스러기가 녹아 눈물이 되어 주르르 흐르네요. 파장한 야시장에서 나 혼자만 눈물을 흘리고 있는 줄 알았더니 건너편 곱창 삼겹살집에서 흐느끼는 소리가 있어 바라보니 가위가 울고 있네요.

나만 기구하게 살았다고 생각했는데, 삼겹살집 가위 또한 파란만장한 삶을 살고 있더군요. 기성복에 밀리어 양복점과 양장점이 없어지고 가정집에서조차 쫓겨나 쭉 가위에까지 업신여김을 당해 결국 막장이다시피 한 음식점까지 오게 되었다네요.

자존심도 팽개치고, 하지 말아야 할 짓으로 생계를 유지한다는데 입성이 말이 아니었습니다. 삼겹살 자르다 뜨거운 기름에 덴 상처를 보여주기도 하는데 옆에는 김치를 잘랐었는지 김칫국물로 얼룩진 가위가 다리를 벌린 채 잠들어 있는 것이 애처롭기까지 했습니다만 과거에 저 가위들이 안방 반짇고리에 있었고 양장점이나 양복점에 있었던 가위라고 상상이나 들겠습니까? 사람의 팔자만 시간의 문제가 있는 것이 아니라 가위의 팔자도 시간 문제가 있다는 것을 깨달았네요.

나, 엿장수 가위 이 밤 잠들지 못하고 주인이 언젠가 광대 모습으로 가위를 쩔그렁거리며 불렀던 '홍도야 울지마라'를 불러봅니다.

가위야 우지마라 엿가위가 있다아
가위의 나갈 길을 너는 지켜라

---

*1955~1964년생으로 6.25 전후(戰後) 세대를 일컬으며, 이 땅 근대화의 최전선에서 땀 흘린 세대

접시꽃 당신

━━━━━ 어렸을 적 옆집 담장 밖에는 접시꽃이 피어있었다.

접시꽃은 계절과 상관없이 피고는 했는데 옆집 조상님의 기일이면 그날 밤에 접시꽃이 피었고 옆집 떡 시루에서 솟은 김이 처마 밑으로 새어 나오는 날에도 어김없이 접시꽃이 피었다.

부침개를 부치는 기름 냄새가 날 때도 어머니가 피워내는 접시꽃이 활짝 피어 부침개를 받아오고는 했다. 어머니가 피워낸 접시꽃으로 받아오는 떡과 음식은 어린 우리 형제들의 허기를 채워 주었다.

옆집이 부실한 담을 헐고 시멘트 블럭을 쌓고 모양을 내기 위해서인지 유리 깨진 것을 총총히 꽂아놓아 상어 이빨처럼 번득일 때도 어머님의 접시꽃은 그 담 밑에 피어있었다.

마음 좋은 옆집 아주머니인 정숙 엄마가 어느 봄날 강화도 친정집에 다니러 가셨다가 그만 돌아가시고 나서야 어머니의 접시꽃도 더는 피지를 않았다. 우리 형제들이 이제 접시꽃을 그만 피우셔도 된다고 만류해도 상관 않고 피웠던 꽃이었는데 봄날 벚꽃이 눈처럼 쏟아지는 음력 삼월 열 사흗날 우리집에 접시꽃이 만개했다.

자식들이 모여서 접시꽃을 피웠다.

어머니 기일에 자식들이 모여 접시꽃을 피웠으니 영혼으로라도 오셔서 드세요. 대문을 활짝 열어놓고 어머님을 맞이하겠습니다.

밤길에 눈이 침침하실 것 같아 촛불 밝혔습니다.

행여 길을 잃을까?

향내 맡고 오시라 향을 피웠습니다.

어머님 드시기 편하시라고 홍동백서(紅東白西) 좌포우혜(左脯右醯) 어동육서(魚東肉西) 동두서미(東頭西尾)로 차렸으니 오셔서 많이 드세요.

어머니가 입에 넣으셨던 밤까지 꺼내어 주신 사랑을 생각하면 눈물이 납니다. 조율이시(棗栗梨柿)도 드셔보세요.

접시에 담긴 음식 하나도 남기지 말고 많이 드세요.

어머님만 드시라고 어머니 이름을 ……

顯
妣
孺
人
務
安
朴
氏

神
位

이렇게 붙여 놓았습니다.

우중화(雨中花)

━━━━━ 설중매를 피우기 위해 그렇게 눈바람이 불었듯이 오늘 우중화를 피우기 위해 천둥·번개를 치며 갑자기 흐렸나 보다.

더운 여름날 소나기를 맞은 씨앗이 놀라 순간적으로 발아하여 꽃을 피운다. 빨간 꽃 노란 꽃 파란 꽃 검정 꽃 우레 맞은 바닥에는 저마다의 화단이 조성되어 한 송이 꽃이 피어 한 무더기의 꽃다발이 되기도 하였다.

정류장의 버스가 꽃 세 송이를 내려놓고 떠났고 하교 때의 학교에서는 대롱에서 비눗방울 피어오르듯 꽃송이를 운동장으로 피워 보냈다.

산비탈 작은 길에 꽃 한 송이 피어서 산등성이를 넘었네
도심 대로에는 화단처럼 알록달록한 꽃이 피었네
낙화한 꽃잎이 냇물 따라 흘러가듯 꽃이 길을 따라 유영하네
향기가 없다 보니 벌 나비는 보이지 않지만 함초롬 비에 젖은 꽃송이가 상큼하기 그지없네

햇빛이 구름 사이로 얼굴을 내미네
후드득 후득 빗방울이 줄어드니 꽃이 개화할 때처럼 갑자기 꽃이지네
꽃들이 꽃향기 대신 꽃이 하늘로 올라가 빗물 방울 껴안고 일곱 가지 색으로 아치형 화단을 만들었네

잠깐의 소나기에서 개화한 우중화를 보았네

폐가

─────── 여기 한 채의 집이 숨을 거둔다.

해소병 앓던 집주인이 숨을 거둔 후 빈집인 채로 이년 여를 시름시름 앓던 집이다. 천년을 버틸 것 같은 대들보는 골다공증을 앓아 뼈의 구멍에서는 쥐며느리가 기어 나왔고 부엌 벽을 가로지른 기둥은 퇴행성 관절로 기둥이 물러앉았다.

턱뼈가 약해 다물 줄 모르는 대문으로 들어온 바람이 빠져나갈 때마다, 덜컹거리며 기침하던 마루 안쪽 여닫이 쪽문은 감기가 났는지 기침이 멎어 있었다.

부스럼을 앓은 흔적이 있는 흙벽의 이 집도 조석으로 쓸고 닦아 마루 결이 고왔고 방 안의 장판도 번들거렸을 한때가 있었을 것이다. 비닐장판 걷어낸 방바닥에는 녹물 든 보일러 배관 흔적이 동맥처럼 뻗어있어 피 끓는 혈기 방장한 젊은 시절이 있었음을 보여주었다.

이 집에서 심장박동 소리를 내며 뜨거운 피를 집안 곳곳으로 보냈을 보일러가 없어진 것을 보고 사람만 심장이식을 하는 것이 아니라 집도 심장 이식을 한다는 것을 알았다.

방호복에 마스크를 착용한 인부가 조심스럽게 지붕 슬레이트를 걷어내 비닐로 염을 하고 있다. 슬레이트를 들어내고 그 속에 보온용으로 남겼던 이엉을 걷어내니 이 집의 방과 마루와 부엌 칸 칸을 내장처럼 감싸고 있던 서가래가 갈비뼈처럼 드러났다.

한 집이 생을 마감하는데 그 집이 품고 키웠던 사람은 문상도 오지 않고, 마당 가에 살던 지렁이가 문상 와서 엎드렸고 철거용 굴삭기가 허리 굽혀 조문객을 맞고 있다. 집 옆의 수양버들이 머리 풀고 흐느꼈고 버드나무 줄기에서는 슬레이트 밑 초가에서 잉태되어 나간 매미가 슬레이트 벗겨내어 드러난 자궁을 내려다보며 서럽게 서럽게 울었다.

굴삭기가 작업하기 전에 인부가 연기에 그을린 상량판을 떼어 내왔는데 상량판을 기대놓은 뒤의 회벽에 붉게 철거날짜가 표시된 것이 보였다는데 이 집의 시작과 끝의 날짜를 보고 있다. 묘비에는 그 사람의 일생을 표시한다는데 지금 이 집의 묘비를 보고 있다.

生 : 龍一千九百二十六年二十一日未時牛生入住上樑龜
卒 : 걸포 3-7가구 2007년 8월 2일 철거

폭탄

━━━━━ 북쪽에서 폭격을 가해 연평도에 큰 피해가 발생했다. 정부 요인이 위로차 방문했다가 보온병을 몰라보고 포탄이라고 말해 웃음거리가 되었는데, 이렇게도 순진무구한 백성들에게 포탄을 쏘아댔다니 참으로 천인공노할 일이다.

　포탄이나 폭탄이 얼마나 무서운지 당해본 사람들만은 알 것이다. 우리나라의 국민이 동족상잔인 6.25의 비극 속에서 무수한 폭탄과 포탄에 희생되었다. 지금도 중동 일부의 지역에서는 폭탄테러가 발생해 인명피해가 생기기도 한다.

내가 6.25전후(戰後) 세대로서 폭탄의 피해를 모른다고 하겠으나 험난한 세상을 살아가다 보니 테러 지역도 아닌 평화로운 나라에서 폭탄을 맞고서 고생하고는 한다.

지금은 없어졌지만 초등학교 다닐 때만 해도 읍내나 동네에는 '대폿집'이 있었다. 어린 나이라 대폿집 출입은 못 했지만 막연한 생각만으로 그 대폿집이 어떤 곳이란 것은 알고 있었다.

'대폿집'은 이름 그대로 대포였다.

그곳을 거쳐 나온 사람들은 취중에 대포(허풍)를 곧잘 쏘기도 했으며 대폿집에서 가끔 폭탄이 터지기도 해서 대폿집 문짝이 떨어져 나가 유리가 파편으로 튀었고 주전자가 신작로에 나가떨어지는 소리도 들리고는 했는데 그 비명의 차이는 폭탄의 성능에 따라서 달라지기도 했다.

어느 날은 대폿집에서 발사된 포탄이 순항미사일처럼 신작로를 거쳐 골목길을 굽이돌고 전봇대를 지나 집까지 들어와서 터지기도 했다. 그럴 때면 동생과 같이 밖으로 피하기도 했었다.

그 악몽 같은 폭탄의 폭발음을 듣지 않았으면 좋으련만 근래에 또 폭탄을 맞고 지리멸렬했던 적이 있었다. 고스톱판에서 폭탄을 맞고 금쪽같은 피를 빼앗겼다. 내 피를 빼앗아 간 상대는 입을 드라큘라처럼 벌리며 회심의 미소를 지었다.

폭탄의 제조에는 콤포지션 B나 콤포지션 4, TNT 등이 사용되어 제조되지만 그는 삼 석 장으로 사제 폭탄을 제조하여 터뜨렸다. 사구라를 흔들어 점수가 났기 때문에 피해가 막심할 거라 생각은 했지만 피와 광박까지 쓰고 돈이 모자라 오링 당한 것이다. 고스톱판에서 오링이란 곧 사망을 뜻하는 터라 나는 고스톱판에서까지 폭탄을 맞고 죽은 것이다.

대포폰 대포통장은 수시로 우리를 노렸다.
휴대전화의 벨이 울릴 때 모르는 번호나 의심이 가는 번호가 뜨면 수화기 자체를 받지 않았다. 수화기에 손을 댄다는 것은 자칫 부비트랩의 인계 철선을 건드리는 짝이 날 수도 있다는 것을 미리 경험하고부터인데 그렇게 조심했건만 그 후로도 폭탄은 수시로 터져 그 피해를 고스란히 보기도 했다.
여름 두 달간의 비로 부추가 녹아내려 수확을 못 했다. 신문 지상에는 '물 폭탄'이라 보도했고, 겨울에는 눈 폭탄을 맞아 비닐하우스가 주저앉기도 했다. 거기다 교통사고를 당하기도 했는데 가해 차량이 대포차여서 보상을 한 푼도 못 받은 적이 있었다. 대포차라면 필시 포탄을 쏘는 차를 지칭하는 말일 터인데, 무시무시한 대포차에 감히 보상치료비를 운운하겠는가? 겁을 상실하지 않고서는 불가능하겠지만, 어찌 됐든 포탄이나 폭탄은 무서운 것이다.

친구가 위로 차 저녁 식사에 초대했다.
소주와 맥주를 섞은 폭탄주에 전치 2일의 후유증으로 꼼짝 못 하고 드러누웠는데 옆에서 쯧쯧거리며 혀를 차던 아내가 무엇을 보았는지 눈에서 광채를 번득이더니, 들여다보고 있던 종잇장을 내던지고 외출했다.
아내가 들여다보았던 것은 조간신문에 끼어왔던 선전 전단이었는데 전단 문구 가운데 큰 글씨로 '폭탄 세일'이라고 쓰인 것이 보였다. 폭탄을 세일한다니 참으로 무서운 생각이 들었다.
아내는 전단을 보고 세일하는 폭탄을 사기 위해 폭탄이 날아드는 전선

(시장)으로 떠난 것이다.

그날 저녁 아내가 시장 봐온 물건을 조리대 위에서 닦달하는데 한쪽에는 조개껍질이 쌓였고 생선 내장은 내장대로 폭발물처리반이 폭탄 분해를 하듯 칼을 드라이버 삼아 생선을 분해하고 있었다.

남편은 폭탄 피해자가 되어 꼼짝 못 하고 드러누웠는데, 아내는 폭탄세일에서 노획해 온 폭탄(생선)을 떡 주무르듯 하며 분해하고 있다.

나는 폭탄의 피해자인데 나의 아내는 폭탄을 이기는 것이다.

내가 그 많은 폭탄을 맞고도 생명을 부지할 수 있었던 것은 아마도 아내의 폭탄 이기는 힘이 작용했기에 가능한 일이었을 것이다.

한여름 밤의 외박

▬▬▬ 해가 져서 컴컴하여 낮의 더위가 식었다고는 하나 때는 복중이라 계속 이어지는 열대야는 나를 집 밖으로 내밀었다. 정원 대신에 설치해 놓은 데크 위에 자리를 펴고 덥지 않을 양의 모포를 안고 밖에 누웠다.

먼 길을 날아왔던 비행기가 밤하늘을 멀리서부터 선회하더니만 비행장에서의 안착을 위해 굉음을 남기며 머리 위로 지나갔다. 지구의 자전으로 인하여 어떤 비행기는 계속 환한 낮만을 날아왔을 것이고 아니면 반대 방향에서 태양을 뒤로 보내며 날아왔던 비행기는 밤하늘의 별을 벗 삼아 이슬을 맞으며 고독하게 날아왔을 것이다. 그 고독했을 법한 비행사를 생각하니 셍텍

쥐페리의 야간 비행이 떠올랐다.

    생각 많은 남방 우편기의 고독한 비행사는 어린 왕자라는 동화를 만들어 냈고 훗날 사막에서 비행기 사고로 비행기와 함께 고독하게 사라졌다는 데까지 생각해 내자 오늘이 하루로부터 사라지려는지 졸음이 엄습해 와 슬그머니 모포를 잡아당기는데 청개구리 한 마리가 모포를 같이 공유하고 있었는지 툭! 하고 가볍게 떨어졌다.

    개굴아! 개굴아 청포묵같이 속이 비치는 연약한 청개구리야!
    그 옛날 창세기 대홍수 때 목수였던 노아 할아버지가 어마어마하게 큰 배를 만들어 창조주의 명대로 세상에 존재하는 모든 동물의 한 쌍씩을 배에 태워 종족을 보존하였다는데 그때 청개구리 너의 조상과 내 조상이 한배에 동승 했던 것을 빌미로 지금 네가 나와 한 이불을 같이 덮으려 한다면 그건 좀 곤란하잖냐 청개구리를 데크 밑 잔디밭으로 던져놓고 지금은 가로등을 비롯한 많은 불빛으로 인하여 많이 성글어진 밤하늘의 별들을 올려다보며 알퐁소도테의 '별'을 떠올려 보았다.
    목동으로서 평소 흠모하던 주인집 스테파니 아가씨가 심부름을 왔다가 비에 길이 끊겨 귀가를 못하고 목동과 별자리 얘기를 나누다 목동의 어깨에 기대어 잠이 들었다는데, 나는 어렸을 때 보았던 그 많았던 별들을 찾다가 잠이 들었다.
    "별 하나 별둘 별 세엣 별 네에~"

    새벽 한기에 모포를 잡아당기며 눈을 떠보니 여름 그믐달이 돛대도 아니 달고 삿대도 없이 서쪽으로 오다가 그만 흥신리 뒷산 나무숲에 좌초 중이었다.

    지금은 밤중이라 아무 소리도 안 들리고 조용하지만 그믐달 모양의 구부러지고 낡은 배의 형태로 봐서 제리코의 '메두사호의 뗏목'처럼 저 배 안에도 두어 사람 정도 죽어 널브러져 있고 나머지 사람들도 연신 손을 흔들면서 구조의 신호를 보내며 몸부림치는 것 같은데 빨리 해라도 솟기를 바라며 동쪽을 보니 동녘이 훤해진다.

    흥신리 뒷산에서 좌초 중이던 그믐 배는 그만 침몰해 버리고 흔적조차도 보이지 않았다. 더위를 피해 밖에서 잠을 청하다가 생각이 많은 탓으로 그만 짧은 여름밤을 선잠으로 놓치고 말았다.

야한 이야기

지천이 꽃이라 눈길만 돌려도 꽃구경인데
냉이꽃이 하얗고 노란 민들레가 지천인데
구릉지 과수원에 배꽃이 하야ㅠ고 아카시아피어
향기가 산을 감싸
온갖 꽃이 만화방창할 텐데…

3부_

꽃구경

━━━━━ 농한기를 맞아 동네 어른들이 꽃구경을 간단다.
　꽃구경이라는 게 따로 있나 싶었다.
　지천이 꽃이라 눈길만 돌려도 꽃구경인데 논두렁 밭두렁 그도 아니면 둑에 냉이꽃이 하얗고 노란 민들레가 지천인데 말이다. 때 되면 구릉지 과수원에 배꽃이 하얗고 아카시아 피어 향기가 산을 감싸고 돌 것이며 온갖 꽃이 만화방창할 텐데 굳이 돈 들이고 품들이며 꽃구경하러 간다고 동네 어른들이 꽃잎 나풀대는 것처럼 들썩인다.
　마을 입구에는 꽃밭처럼 알록달록한 관광차가 이른 아침부터 서 있더니 사람들을 태우고는 꽃망울이 흔들리는 것처럼 흔들거리며 다리를 건너갔다.

동네 형님과 술자리에서 꽃구경 얘기를 하니 기껏 관광차 타고 가는 것이 꽃구경이냐며 진짜 꽃구경은 밤에 하는 것이라고 했다.

그 말이 맞기는 맞다!
그래서 밤 벚꽃 놀이라는 것이 있지 않은가?

천주교회 성모님 상을 뒤에서 받치고 있는 벚나무 꽃을 밤의 가로등 불빛에 보면, 하얀 눈을 잔뜩 뒤집어쓴 것처럼 보이는 것이 참으로 근사했었던 것이 기억났다.

내 말을 들은 동네 형님이 빙신 소리를 하며 말을 이었다.

밤에 시내 나가면 가냘픈 꽃이 야들거리는데 사람 죅인다며 몸서리까지 쳤다. 안개 속에 피어있는 꽃이 있는가 하면 꽃을 뱀이 감아 돈다고도 말했다.

그렇다! 스프레이로 뿜은 물을 맞은 꽃이 얼마나 청초한데, 그런데 그 몹쓸 뱀은 풀밭 속에 있지 않고 웬 꽃을 감고 지랄이야? 아담과 하와 신세 망쳐 놓았던 천하에 죽일 뱀 같으니라고 말이다.

동네 형님은 침을 꼴깍 삼키며 이어 말했다.
물에 젖은 듯한 꽃송이며 양산으로 가린 꽃 얘기를 들려줬다.
비가 오면 꽃도 젖을 수 있고 잎사귀로 꽃송이를 가릴 수도 있는 것을 동네 형님은 양산으로 가린다며 말을 하는데 표현력도 풍부하시다.

그날 저녁 동네 형님은 꽃구경을 가셨다.

다음 날 들에서 만난 동네 형님이 물어보지도 않은 꽃구경 했던 얘기를 신이 나서 들려줬다. 형님 그렇게 좋으면 꽃 한 송이를 집에다 들여놓지요했더니 꽃병 사야지 때 되면 물 갈아 줘야지 시들지 않게 물 뿌려 줘야지…

꽃 한 송이 키우기가 얼마나 힘들고 돈이 드는지 아냐고 말하는 형님의 몸에서 찔레꽃인지 장미꽃 향내가 풍겨왔다. 형님이 간밤에 꽃구경을 하기는 한 모양이었다.

꽃구경하러 가서 아주 꽃을 으스러지도록 안았다고 하는 말을 듣고는 형님 가시에 찔리지는 않았소! 하니

야! 임마 내가 찔릴 놈으로 보이냐?

내가 아주 찔러 댔다고 말하는데 좋게 꽃구경하고 온 사람 삽질이 영 어제만 못하네요 했더니…

너 가서 나처럼 꽃구경 진하게 한번 해봐라.

삽질은커녕 서 있지도 못할 것이라 했다. 이상하다?

난 꽃구경 암만해도 눈만 조금 아른거렸었는데…

꽃밭

━━━━━ 언젠가 밤에 꽃구경하고 왔다는 동네 형님에게서 찔레꽃 향기 같은 냄새가 난 적이 있었다. 밤 꽃구경이고 낮 꽃구경이고 간에 꽃구경은 좋은 것이어서 참 좋았겠다고 하니 맹숭맹숭하게 꽃구경만 해서 무슨 재미냐며 꽃밭에서 일을 했노라고 말했다.

벌 나비도 아니고 대체 꽃밭에서 무슨 일을 한단 말인가?

아참! 꽃 따는 아가씨라는 노래가 있었는데 형님도 꽃을 땄었나 보다. 기왕이면 다홍치마라고 같은 일을 해도 꽃밭에서 일하면 형님 말처럼 재미있을 것이라 했는데 형님께서는 꽃밭에서 엎드려 일하느라고 허리가 아팠다며 네 녀석이 그렇게 했다가는 반은 뒈질 것이라고 말했다.

죽는 것도 아니고 '뒈질 것'이라고 강조했다.

영양 부추 농사를 짓는데 어느 날부터 연보라색 꽃이 피더니 나중에는 멀리서 보면 토끼풀꽃처럼 하얗다. 종자번식을 위해서 영양분이 꽃으로 몰리기 때문에 부추가 자라지 않으니 부추꽃을 따 줘야 한단다. 앉아서 부추꽃을 따는데 오금이 저리고 더운 날씨에 꽃 멀미가 났다.

얼마 전에 영양 부추가 아닌 일반 부추 심은 곳에도 풀이 나기 시작하는데, 어린싹일 때 풀을 잡아야 한다. 부추밭이랑 사이로 풀이 파란데 세상에! 완전 꽃밭이다. 부추밭에 거름으로 쓰기 위해 퇴비를 받아 살포했었다. 아마도 퇴비 더미에 맨드라미가 있었는지 부추밭이랑 사이로 풀은 별로 없고 맨드라미투성이다.

양쪽 밭이 그야말로 꽃밭이다.

풀을 뽑는 것이 아니라 꽃을 뽑기 시작했다.

영양 부추밭에서는 꽃을 땄고, 일반 부추밭에서는 꽃을 뽑았다.

쪼그리고 앉아 뽑다 다리가 아파서 엎드려 뽑고 하는데 허리가 끊어질 것만 같았다.

며칠 전 동네 형님께서 꽃밭에서 엎드려 일하는데 허리가 아팠다며 너 같았으면 반은 뒈졌을 거라고 말했는데 그 말이 맞았다. 허리가 아파 형님 말대로 반 뒈질 것 같았다. 그런데 동네 형님이 참으로 대단하다는 생각이 들었다.

꽃밭에 엎드려서 하는 이렇게 힘든 일을 낮도 아니고 밤에도 했으니…

벽난로

▬▬▬▬ 바깥의 얼어 터진 날씨가 쌀쌀한 것이, 내 마누라 쌀쌀한 것만 하겠소. 그런 마누라 껴안고 뒹구느니 성엣장을 껴안고 뒹구는 게 나을 성싶소.

그러면 참았다가 여름에 껴안으면 좋을 것 아니냐고요?

말 마슈 여름에는 웬 열 받을 일이 그리 많은지 퍽! 퍽! 김 내뿜는 통에 옆에 가면 델 것 같아 못 가겠소. 그래서 아예 여름밤에는 대(大)자로 잠자고 겨울밤에는 새우잠 자기로 했시다.

밤에 잠만 자냐고요?

그럼 어떻게 하겠소? 무슨 수가 없으면 잠이라도 자야지.

남 잠들 때 잠 못 이루다 보니 별 민망스러운 꼴도 다 봤소.
남사스러워 얘기 안 하려 했는데…
내 참! 조뎅이 간지러워서…

텔레비전이 하도 재미가 없길래 불 끄고 잠자리에 들려는데 아! 글쎄 유리문 속에서 벌겋게 벗은 나신(裸身)이 하늘하늘하는데 사람 죽이더구먼요. 가까이 보고 싶어서 얼굴 들이대니 얼마나 열을 받았는지 훅! 하고 열기가 느껴지는데, 그만 눈치가 채였는지 나신이 스르르 스러지더니 벌겋게 달은 얼굴로 노려봅디다.

어찌나 얼굴이 화끈대던지 무안스러워 혼났시다.

텔레비전 볼 때 등 뒤에서 탁! 탁! 소리 날 때 뒤돌아봤어야 화끈한 모습을 보는 건데, 참으로 아쉬워서 입맛을 다 다셨시다.

아쉽기는 했지만, 그때 한 가지 배웠시다.

참! 별 나문데서 다 배우고 그러고 보니 나도 주책 기는 좀 있시다.

배운 것 한번 써 먹어보려고…

추운 날 얼음장 같은 마누라 데려다 벽난로에 장작 잔득넣고 불을 지펴봤시다. 활활 타오르는 것 보고 그 몸도 한번 활활 타올라 보라고 상상력 엉뚱한 사람은 화장터 간 것으로 생각할지 모르지만 나는 핑크빛 계산을 깔고서 벽난로에 불을 지폈는데 이이는 도통 물건을 아끼는 기색이 없다나 하면서 남은 장작을 안고서 밖으로 나가는 것 있지요.

  찬 여자하고 같이 사니 무드는 고사하고 애교도 없이 저리 차디차기만 하니 백날 벽난로 지펴봤자 따뜻은 고사하고 온기 한 점 없을 거요.

이불

━━━━━ 지난여름 이장네 정원이 야생화로 덮였었다.

어려서나 지금이나 마당에 변변한 꽃밭 하나 갖추지 못하고 살던 터라 남의 집 화단이 부러웠었는데 집 뒤의 공터를 조금 얻은 것이 있어서 유채씨를 뿌려 노랗게 꽃을 피웠던 적이 있었다.

아내는 꽃에서 먹을 것이 나오기라도 하냐며 호미로 땅을 박박 후벼 파다시피 하며 꽃밭을 채소밭으로 바꾸어 버렸다.

물질을 우선시하는 아내로서는 당연히 그러고도 남을 만했다.

친구와 술좌석에서 그 꽃밭 얘기를 했더니 지갑에 돈만 두둑이 갖고 나가면 전혀 새로운 꽃밭에 묻혀서 황홀하게 지낼 방법을 알려줬지만 그럴 형편도 못 되고 이래저래 꽃밭에서 지내기는 틀렸다고 생각하던 차에 아내가 꽃밭 하나를 만들어 주었다.

아내가 만들어 준 꽃밭에는 두 가지의 꽃이 피었는데 꽃 모양새로 봐서는 무슨 꽃인지 판단이 안 섰다. 바닥에는 싸리꽃처럼 생긴 꽃이 깔리다시피 피었고 그 위에 흡사 목단 같은 꽃이 배추 포기만 하게 피었다.

얼마 전 추수가 끝나고 찬 바람이 불어 꽃밭을 갈무리할 시간에 아내는 꽃밭을 만들었다. 하얀 흙을 포슬포슬하게 일구더니 호미 대신 바늘과 실로 꽃을 심었다. 그 후로 밤이면 아내가 만들어 준 꽃밭에서 지내는 것이 아니라 아예 묻혀서 뒹굴다시피 했다.

어제는 그 꽃밭 속에서 일생에 단 한 송이 꺾었던 꽃을 으스러지게 않았는데 약간 시들기는 했지만 황홀한 기분만큼은 여전했다.

전설의 고향

━━━━━ 걸포중앙공원의 야간조명 등이 환한 것을 보니 상전벽해라는 말이 생각났다. 지금은 공원이 들어서 산책로와 운동장 등 기반 시설이 들어섰지만 내 어렸을 때만 해도 그곳은 동네 뒷산 너머인데도 불구하고 오지로 불릴 정도로 외진 곳이었다.

동네 상엿집이 마치 숨어있기라도 한 것처럼 낮게 들어서 있었다. 얼마 간격을 두고 비탈밭과 그 밑으로 약간의 논이 나진 천과 계양천이 합수한 근처에 붙어있었다.

지형이 그러다 보니 낮에도 인적이 끊기다시피 하여 인기척은 아예 없고 계절에 따라 봄이면 뻐꾸기 우는 소리가 이따금 재를 넘었다. 몽둥이로 설맞은 뱀 몸부림치는 것처럼 구불거리며 흘러 내려오던 두 개의 개천이 합수하다 보니 자연스레 형성된 반도 지형에 심어진 포플러가 불어오는 바람에 잎사귀 뒤집으며 내는 소리가 들리고 무리에서 떨어진 까마귀 우는 소리뿐이었다. 극성스러운 아이들까지도 그 근처 개울에서는 미역을 감지 않았다. 그러다 보니 밤에는 아예 말할 것도 없고 낮에도 혼자 그곳을 지나다 보면 귀밑이 서늘해질 때가 있었다.

비단 그곳뿐만이 아니고 가로등도 없는 동네 밤길이 무섭기는 매일반인데, 동네 어른들 말로는 처녀 귀신 몽달귀신 참수당해 목만 떠돌아다니는 귀신, 뭔 귀신, 뭐 귀신 하다못해 비 오는 날 썩은 고목에서 푸른빛이 나는 도깨비불이 있다고 했다. 어떤 사람이 귀신하고 밤새 싸우다 새벽녘에 닭이 우는 소리에 정신을 차려보니 집에서 마당 쓸던 싸리비를 껴안고 씨름했다는 말을 듣고는 마당 가에 세워진 빗자루만 봐도 섬뜩할 때가 있었다.

오래되어서 범상치 않게 생긴 나무에도 귀신이 있고 물에 빠져 죽은 자리 목매달아 죽었던 나무 외진 곳에 있는 우물에는 꼭 귀신이 있다고 어른들이 겁을 주는데, 밤이면 도처에 귀신이 발호할 것만 같았다.

옆에 살던 윤숙이 아버지가 귀신에게 홀려 다리 밑에서 진창 말이가 된 것을 밤에 읍내 외출했다가 돌아오던 동네 사람이 업고 왔다. 다리 옆에 삽과 신발을 가지런히 벗어놓은 상태로 다리 밑에서 첨벙대고 있었단다. 두서너 달을 정신을 놓은 상태로 가끔 헛소리만 하다가 돌아가셨다. 누구한테 들은 얘기도 아니고 목격했으니 그 후로 밤길에 나서는 것이 총알이 날아오는 사선에 나서는 것보다도 두려웠다. 예로부터 전해져 내려오는 전설 같은 괴담 때문에 밤에 뒷간 가기도 두려운 판인데 말이다.

옛날 어느 때 동네 초상이 나서 장례를 치르려고 발인하는 당일 새벽에 상여를 꾸미기 위해 청년 너덧 명이 재 너머 산 밑에 있는 상엿집을 찾았단다. 문을 여니 웬 남자가 벌거벗고 엎어져 있어 소스라치게 놀랐다는데 상엿집에서 벌거벗은 해괴한 일의 사연이란 대충 이러했단다.

읍내 어느 곳에 사는 사람이 운양리 강변 가에 사는 친구의 상가를 방문했다가 늦은 밤 교통이 끊겨 제방길과 농로 길을 이용하여 귀가 중이었단다. 칠흑 같은 밤에 걸포리를 목전에 두고 산모퉁이를 돌려는데 기와집에 불이 훤한 가운데 한 여인이 다소곳이 서서 부르더란다. 언제 이곳에 기와집이 있었나 하고 올려보니 팔작지붕 처마 꼭지가 하늘로 치솟고 그 끄트머리에는 풍경 대신 청사초롱이 걸려 있더란다. 정갈하기 그지없는 대청마루에는 흰색 붉은색의 커튼이 휘휘 늘어졌는데 한발 들어서니 얼었던 몸이 녹으며 발이 가벼워지는 것이 마치 구름 위를 걷는 것 같더란다.

집안의 향내가 코를 간질이는데 꽃밭에 묻히면 이럴까 생각하며 여자가 이끄는 대로 대청에 차린 술상 앞에 앉았는데 온갖 과실과 고기 육포의 적이며, 생선에 보지도 듣지도 못했던 음식이 갖가지 기교가 가미되어 상에 그득 괴여 있더란다.

입이 벌어져 상에 괸 음식을 보니 조율이시에 배열된 위치가 어동육서 홍동백서라 이상한 감도 없지 않았던 것을 여자가 차린 상이니 하며 대수롭지 않게 넘겼단다. 속살이 훤히 비칠 정도의 얇은 옷을 걸친 미인이 사람의 색을 동하게 하는 냄새를 풍기며, 이제껏 마셔보기는커녕 보지도 못했던 은은한 청잣빛 도는 술을 따르는데 은(殷) 주왕(紂王)의 주지육림(酒池肉林)이 부럽지 않더란다.

은 주왕의 달기 같은 여자가 환생했으면 이럴까 싶은 여자가 금박의 원

앙이 날갯짓을 해대는 이불속으로 잡아끄는데 꿈이면 깨지 말고 그대로 죽었으면 하는 생각마저 들더란다.

여자가 이불 속에서 능수능란하게 녹여대는데 구름 속에서 봉황의 깃에 싸이면 이럴까 싶기도 한데 몸이 녹아내리고 넋이 나가는 것 같은 것이 그야말로 창졸간에 이승과 저승을 넘나드는 것 같더란다. 하늘을 나는 것 같은데 금방 물속을 헤엄치는데 순간 등짝을 찬바람이 후려쳐 정신이 번쩍 들더란다.

상여를 챙기러 간 동네 청년들이 벌거벗은 사람을 보고 놀랐고 벌거벗은 사람은 그 사람대로 난데없이 어두컴컴한데 들이닥친 불한당 같은 패거리에 놀란 것이다. 정신을 차리고 보니 기와집 대신 상엿집이요. 대청에 늘어졌던 희고 붉은 커튼은 상여 위에서 펄럭이던 앙장이요 붉은 것은 산판에서 처리하지 않고 갖다 쑤셔 박은 만장이 늘어진 것이었다는데 사람의 색을 동하게 했던 냄새는 퀴퀴한 곰팡내라 품에 안긴 아름다운 여인은 자루 빠진 곡괭이 날이었는데 곡괭이를 껴안고 곡괭이 자루 빠져나간 구멍에다 자기의 그것을 맞추고 있더란다.

괴기스러우면서도 웃을 수 있는 얘기가 전설처럼 내려오다 사람들 기억과 이야기 속에서 점차 지워져 가는데 팔작지붕이 있던 아니 상엿집이 있던 자리는 오늘날 중앙공원의 청소년 교육관 앞, 산으로 올라가는 등산로 입구가 그 자리다. 낮에도 인적이 없고 밤이면 귀신과 도깨비불이 굴러다닌다는 그 자리에 걸포중앙공원이 들어서 밤에도 가로등 불이 훤하다.

옛날 사람들이 볼 때는 지금도 가끔 귀신불이 날아다니고 바닥에는 도깨비불이 굴러다닌다는 소리가 나오게끔 행사 때 풍등을 하늘로 날려 보내기도 했고 아이들의 인라인스케이트 야광 불이 바닥에서 굴러다닌다.

처복(妻福)

▬▬▬▬▬ 결혼 후 집안의 어른이나 마을의 어른들에게 처음 인사할 때 아내를 처음 본 사람들의 공통된 의견이 부잣집 맏며느리 상이라고들 했다. 그 부잣집 맏며느리 얼굴상을 한 여자는 나를 만남으로 인해서 그만 가난한 집 가운데 며느리로 전락하고 말았다.

나의 아내는 얼굴에다 불을 밝혔는지 아내가 집 안에 있기라도 하면 집 안이 훤하다고 이죽거리는 동네 형님도 있었다. 아내로 인해서 집안이 훤해졌지만, 아내의 훤한 몸매를 보고 할머니들이 내게 처복(妻福)은 있겠다고 말하기도 했다.

처복이 어느 정도냐 하면 수입이 부족하여 식단이 빈약하여도 아내는 전혀 개의치 않고 나의 미안한 마음을 위로하느라서인지 "나는 물만 먹어도 살쪄"라고 말하는 소리에 맞춰 몸도 마음도 불어서 벌어 마누라 혼자 먹이느냐는 농담도 듣기까지 했다.

얼굴이 훤하게 생긴 여자는 마음도 훤해야 한다며 이왕 마음먹는 것 같은 값이면 마음마저 긍정적인 마음을 곁들여 말하는데 아내 말을 들으면 자다가도 떡이 생긴다고까지 했다. 그러면 그렇지! 어찌 물만 먹고 살이 찔 수 있겠는가? 아내는 필시 자다가 생긴 떡을 꿈결에서라도 먹었을 것이다.

그러니 살이 쪘을 것이라는 빈 생각까지 들었다.

아내 말을 들으면 자다가도 떡이 생긴다고 했는데 잠을 자다가 생긴 떡 잠결에 먹다가 목에 걸릴 것 같아서 목에 걸리지 않을 물먹는 꿈 꾸기를 요원하며 잠자리에 들기도 했다.

이렇게 아내 말을 안 들으니 처복으로 금시발복하기는 요원하다며 언제나 처덕을 보려나 하는 생각 중에 잠도 오지 않고 처덕을 바라는 요원한 마음은 없어지지도 않으면서 그저 처 덕을 바라기만 했다.

잠자다 생긴 떡 먹다 목에 걸릴 것 같아 아내 말을 듣지 않으려고 잠도 안 자고 이 소리만 냈다.

'처덕, 처덕, 처덕(妻德)!'

처덕 소리를 내지 열달 만에 떡이 아닌 떡보다도 더 큰 (이웃 할머니 말처럼) "떡두꺼비 같은 아들"이 생긴 것이다.

아내 말만 잘 들으면 자다가도 떡이 생긴다고 했는데 아내 말을 안 듣고도 떡 보다도 더 값진 떡두꺼비 같은 아들이 생긴 것이다.

이러니 어찌 처복(妻福)이 없다고 말을 할 수 있겠는가.

콘돔

외박하고 돌아와 옷을 벗는데 아내가 세탁물에 두 번 손대지 않게 세탁기에 넣으라 한다. 휴대전화와 잔돈 손수건을 꺼내 놓는데 콘돔이 은박지 포장을 반짝이며 섞여 나왔다.

"웬 콘돔?"
아내가 눈을 동그랗게 뜨고 물었다.
아뿔싸!

가을 추수가 끝나고 찬 바람이 불 때 문중 일을 보는 집안 손자님한테 전화가 왔다. 경북 영천에서 해마다 거행되는 유(劉)씨 문중 시제 좀 다녀오란다.

나이 드신 노인네들은 먼 길에 힘이 들고 젊은 사람들은 직장 출근하느라 다들 바쁘니 농사일 끝난 할아버지(항렬이 높아서 불리는 호칭)가 좀 다녀오라고 한다.

부추밭 뒷정리에 이어 달래도 심어야 하고 일이 꼬리를 물고 이어지는데, 농사를 짓지 않는 사람들은 벼 포기만 쓰러지면 농사 끝나고 한가한 줄 아는 모양이다.

나의 약점이 남이 부탁하면 속으로는 싫으면서도 겉으로는 거절하지 못하는 것이다. 벌레 씹는 표정으로 시제를 지내러 나섰다. 조상님한테 잘해야 복 받고 잘살게 된다며 뒤통수에 대고 말하는데 그렇게 좋은 것을 자기네들이 갔다 오면 될 것을 뭐 나한테까지 배려하냐고 투덜대며 동네를 나섰다.

대한민국 성씨 중에 유(劉)씨 성의 시조가 모셔진 곳이라 배천유 씨 강릉 유 씨, 거창 유 씨의 종친 60여 명이 전국에서 모였는데, 젊은 사람이란 나를 포함하여 여남은 명이다.

여자들에 섞여서 노인네들 저녁 수발을 들고 재실에 모여 앉아 지난 일 년의 실적 보고를 겸한 회의를 했다. 문중의 기둥을 자부하느라 굽은 허리를 품 넓은 한복으로 두르고 굽힐 줄 모르는 노인네들의 기개가 동네 경로당에서 흔히 보던 노인네들이 아니었다.

재실이 넓다고는 하지만 사람들이 많아 영천 시내에 나가 여관 잠이나 자야겠다고 생각하는데, 유숙할 곳은 따로 생각해 두었는지요? 하는 물음은 젊은 사람은 알아서 잠자리 챙기라는 소리였다.

김포만 해도 밤에 뻘건 불빛은 교회와 나이트클럽과 모텔 불빛인데 여관 불빛 찾기가 쉽지 않았다. 모텔에 들어서고 보니 먼저 도착한 일부의 노인네들이 흡사 효도 관광 온 노인네들처럼 로비에 진을 치고 있었다.

모텔이란 곳이 잠자는 것 아닌 다른 목적으로도 이용한다는 말은 들었지만, 내부 꾸밈이 노인네들하고 같이 둘러보기가 민망한 곳도 있었다. 벽에는 여자의 에로틱한 그림이 붙어있었고 커피자판기와 담배자판기 정도만 있는 줄 알았는데 러브 자판기라는 것도 있다.

넓은 방에 꼭 둘씩만 들어가 잠자라는 법이라도 있냐며, 침대 있는 방도 필요 없고 여럿이 방바닥에 등 눕힐 방을 달라는 노인네들을 모텔종업원은 난감한 듯이 쳐다보고만 있는데 매니저가 부모님을 생각해서인지 노인 몇 명씩 묶어 방을 잡아주고 나는 이불을 나르는 것을 곁에서 도와주었다.

또 비치된 소모품이 모자라 수건과 칫솔을 방마다 분배하는데 그때 칫솔 케이스에서 무엇이 툭! 하고 떨어졌다. 내려다보니 콘돔인데 자리가 자리인지라 망측한 생각이 들어 노인네들이 보기 전에 얼른 주워들어 주머니에 넣었다.

그날 밤 잠 없는 노인네들 틈바구니에서 책을 읽는 것 이상으로 많은 얘기를 들었는데 서양 격언에 "노인 한 사람이 죽는 것이 도서관 하나 없어지는 것에 견줄 만 하겠냐"는 말을 몸소 체험했다.

밤새 각지에서 관광 차를 대동하여 후손들이 모여들었다.

조상들이 영화로웠을 때의 업적이 공덕비 송덕비로 새겨져 비석 군을 이룬 뒤로 시조의 묘가 있었다. 시조의 유택 뒤로는 나이 아니! 연세깨나 드신 소나무들이 병풍을 치고 있었고 양옆과 앞은 모과나무가 울타리를 쳤다.

올라오면서 멀리서 봤을 때 나무 잎사귀 단풍 든 것인 줄 알았는데 그것이 잎이 아니고 모과였다. 보이는 것도 모과요 발에 치이는 것도 모과며 코에 들어오는 것도 모과 향이었다. 많은 과일이나 열매 중에서도 못생기기로 정평이 난 모과가 시조의 유택을 지키고 있었다.

굽은 소나무는 뒤에서 병풍 노릇을 하고, 못생긴 모과나무가 울타리로 지켰으며 동네 유씨 문중에서 못나기로 말 듣는 내가 시조 묘에 참배를 온 것이다. 옛말에 굽은 나무가 산을 지킨다는 말이 있기는 하지만 이렇게 모이기도 힘든데 못난 것들 셋이 도원결의라도 해야겠다.

바람은 불고 손이 시려 주머니에 손을 넣는데 물컹! 느껴지는 것이 있었다. 어젯밤에 경황없이 집어넣었던 콘돔이었다. 시조의 묘 앞에서 이 무슨 망측스럽기 그지없었지만 시조님께 불경스러웠음을 절을 하며 빌었다.

콘돔이라?
콘돔이란 임신을 하지 않을 것을 염두에 두고 사용하는 물건인데 그 콘돔을 보며 우리 가족을 생각했다. 우리 가족이 십 남매에 아들 아홉에 딸이 하나이며 내가 다섯째다. 나라는 존재가 과연 부모님이 자식을 원해서 태어났을까? 하는 의구심이 생겼다. 당시 콘돔이 있었다면 하는 생각이 들자 모골이 송연해졌다.

내가 태어나기 전에 이놈만 있었으면 세상 구경 못 할 뻔했고 후손으로서 조상님 시제에도 참석 못 할 뻔했다.

생각만 해도 아찔했다.

흔들린다는 것

━━━━━ 박상우 시인은
그의 시 '사랑은 불협화음'에 이렇게 썼다.

남자는 윗도리에 흔들릴 게 없어서 윗도리가 흔들리지 않고
여자는 아랫도리에 흔들릴 게 없어서 흔들리지 않습니다.

'남자는 흔들리는 여자의 윗도리가 신기하고
여자는 흔들리는 남자의 아랫도리가 신기합니다' 라고

남녀는 서로 다른 위치에서 흔들리는 것에 호기심을 갖고 신기함을 느끼나 봅니다. 내가 아는 분 중에 남자가 호기심을 갖고 신기함을 느끼게 하는 신체 부위를 본의 아니게 흔들었다가 매를 팥떡같이 맞은 사람이 있었다.

아침저녁으로 샛바람이 불어 날이 쌀쌀해서 방에 불 좀 넣게 연탄 백 장만 갖다 달라는 읍내에 사는 일명 동네 형수님의 전화를 받고 연탄 배달하러 가서 보니 형수님 왼쪽 눈이 밤탱이가 됐고 입술이 부어올라 쳐다보기가 민망했다.

그런데 형수님은 전혀 부끄러운 기색도 없이…

"동생 힘들 텐데 술로 한 잔 줄까. 커피로 한잔 돌릴까?" 하는 소리에 맥주 컵에 소주 채워 입에 털어 넣고 형수님 얼굴 보기가 민망해 얼른 자리 뜨기 위해 부지런히 연탄을 나르는데 연탄집게로 연탄재를 탁탁 깨트리던 형수님은 연탄 나르는 내 등 뒤에다 대고 밑도 끝도 없이 묻지도 않는 말을 해댔다.

"그 개새끼가 이렇게 때렸잖아."

그렇게 말하고는 내 얘기를 기다리는 것 같아.

"누가 그렇게 때렸대요?"

"우리 애 아범이라는 작자가 때리는데 아주 뒈지는 줄 알았어. 그저께가 초등학교 운동회였잖아 늦둥이 딸 하나 있어서 점심을 꾸려 올라갔지. 학부모 달리기가 있어서 내가 일등을 했는데 그날 저녁에 술이 깔라가 돼서 기어

들어 오더니만, 계집년이 사람 많은 데서 젖텡이 덜렁거리고 뛰냐며 창피해 죽을뻔 했다고 눈이 뒤집어져서 때리는데, 아주 골로 가는 줄 알았어…."

"계집이 뛰면 자연지사 젖텡이 털렁거리는 것 아니겠어."

"그러는 사내들은 좆탱이 털렁거리며 뛰는 건 괜찮고?"

"여자들 젖텡이 덜렁거리며 뛰는 건 이렇게 뒈지게 얻어맞아야 하는 법이라도 있느냐 말이야!"

아내여,
내가 사랑하는 웬수같은 아내여

사선에서 얼찡거리다 튕겨 나온
유탄에 맞아버린 꼴인데
싸우다가 총에 맞으면 전사로 분류되지만
유탄에 맞아 죽는 것은
사망으로 취급되므로…

4부_

대추나무 도장

━━━━━ 어렸을 적 우리 뒷집에 꽤 큰 대추나무가 있었고, 뒷집과 옆집에도 대추나무가 있었다, 대추나무를 잠시 생각해 보니 대추나무가 우리 집에도 있었다. 부모님은 결혼식에서 폐백을 드릴 때 받은 조율(棗栗) 수 대로 자식을 낳았는지, 우리 형제가 십 남매였다.

자식들이 대추나무에 대추 달라붙은 듯한 집에 약주 잡숫고 들어오는 아버지의 얼굴이 대춧빛이었고 어머님이 연세 들어 돌아가실 때의 주름살이 대추 결이었다. 지금은 여문 대추 알 같은 자식들이 차례상 앞에서 조율이시 찾아가며 대추나무같이 살다 돌아가신 부모님의 차례를 지낸다.

대추나무를 보면 부모님이 살아오신 삶을 알 수가 있다.

일제강점기와 6.25의 격동기를 겪은 흔적을 몸에 남긴 것처럼 대추나무는 여름 폭염과 한겨울의 삭풍 겪은 흔적을 기둥이나 가지에서 볼 수가 있었다.

폭염과 혹한의 시달림 속에서 가지 한번 마음껏 뻗어보지 못하고 비틀림과 옹이를 숙명처럼 안고 살아온 것이다. 겉 다르고 속 다르다는 말처럼 외적으로는 거칠고 꼿꼿하지 못하나 그 단단하기에는 많은 수종에서도 상위에 속할 것이다.

힘없고 볼품없이 쭈그러진 대추 속에 돌같이 단단한 씨앗이 있을 거라고 생각이나 했겠는가. 대추와 그 속의 씨를 보면 자식을 위해 모든 것을 내어준 어머니의 모성애가 떠 오른다.

아버지께서는 외양이 잘나지 못했으면 속이라도 좋아야 한다고 종종 말씀하셨는데 대추나무가 그렇다. 모양새를 보면 곧지를 못해서 목재로서는 가치를 못 느끼지만 야무지리만치 단단한 재질로 인해 가구나 도장을 새기는 용도로 많이 쓰인다.

그중에서도 벼락 맞은 대추나무는 도장재료의 명품으로 꼽혀 많은 사람이 선호하는데 '벼락 맞은 대추나무' 는 역경을 이겨낸 것을 뜻하는 말이기도 해서 벼락 맞은 대추나무 도장을 구입하기로 마음을 먹고 오일장에 나갔더니 마침 이동식 도장포가 있었다.

수정과 옥으로 된 도장의 모양이 현란하여 구경하며 만지작거리다가 구전으로만 들은 벼락 맞은 대추나무 얘기를 하니 마침 그 재료로 만든 도장이 있단다. 도장 손잡이를 구름이 감아 돌고 학이 날갯짓을 펴 대는 것이 도장

새기는 이의 입담 없이도 사람의 마음을 홀렸다.

　도장포 주인의 말로는 벼락 맞은 대추나무에 길조인 학의 그림도 좋게 새겨져 있고 하여 금시발복하여 자손만대로 번영을 누린다고 했다. 그 도장에 이름 석 자만 새겨 넣기만 하면 흥부 박 터지듯 재물이 쏟아져 들어온다고 하여, 적지 않은 돈을 들여 한문으로 이름 석 자를 새긴 것이다.

　아내에게 벼락 맞은 대추나무 도장이라고 자랑하듯 보여 주니 코웃음을 치며, 미친 대추나무 도장이 아니면 다행이라고 응수한다. 아이들 손이 닿지 않는 신성한 장소에 도장을 보관하고 임금님 옥새 다루듯 하면서 재물이 굴러 들어올 법한 일에다 도장을 쾅쾅 찍어댔다.

　어느 날 법원으로부터 출두 예고장이 날아들었다.

　친구가 마이너스 통장을 만든다고 해서 도장 한번 찍어준 것이 사단이 난 것인데 급기야는 내 땅에 경매 절차가 들어온단다. 큰일이다. 땅을 싸게 팔아서 돈을 마련하여 친구가 갚지 않은 돈을 갚으러 은행엘 갔다. 믿었던 친구였는데 허탈하여 웃음이 나왔다. 속도 모르고 은행직원이 행원 생활 이십여 년 동안 보증인이 웃으면서 돈 갚으러 오는 분은 처음 봤단다.

　그럼, 울면서 갚으면 깎아주기라도 하냐고 반문하니 여유 있는 농담도 즐기신다고 말한다.

　그 돈을 갚고 인감도장을 찍어야 하는데, 그때의 인감도장이 하필 복이 굴러들어 온다는 벼락 맞은 대추나무로 만든 도장이었다. 친구 보증 섰다가 그야말로 벼락을 맞았는데 벼락 맞은 대추나무 도장으로 액땜 막듯 꽉 눌러 찍었다. 읍내 도장포 주인에게 속은 것만 같았다. 벼락 맞은 대추나무가 아니라, 아무래도 미친 대추나무로 만든 도장인 것만 같았다.

씨름선수 김영현만큼이나 키 큰 은행직원이 배웅해 준다고 주차장까지 따라 나와 허리를 굽히며 내 티코 자동차 문을 여느라 허리를 굽히는데, 엉덩이가 머리보다 높은 것이 생각나서 웃음이 나왔다.
  나의 웃음을 보고 웃음이 나오냐고 아내가 말했다. 미친 대추나무로 만든 도장 갖고 일 저지르더니 이제는 사람까지 미친것 같단다.
  동네 조카님이 웃으면서 쫓겨나지 않은 것 보면 아줌마는 잘 얻었다고 놀리듯이 말했다. 미친 대추나무는 잘라버리는 것이 상책이라는데 아내는 미친 녀석 쫓아내지도 않고 밥 한 상 차려주며 말했다.

  대추나무는 벼락 맞으면 값이 올라 귀하게 쓰이고
  나무가 미치면 잘라버리기라도 하는데…

  이놈의 인간은 벼락 맞고 미친 것 같으니 어이할지 모르겠단다.

백만 원

　　　　　　백만 원이 생겼다.

　돈 백만 원이 생겼다니까 이 돈이 어느 날 갑자기 땅에서 솟은 것도 아니고 하늘에서 떨어진 것도 아니다. 여름 벼농사와 겨울 비닐하우스 농사를 지으면서 이렇게 아끼고 저렇게 살뜰히 푼돈을 모아서 백만 원을 만든 것이다. 목돈이 생기기도 전에 써야 할 일이 먼저 생기던 생활에 백만 원을 쳐 들이밀어야 할 일이 생기지 않은 것뿐이다. 그러다 보니 오랜 시일 푼돈을 모으기는 했다만 그냥 생긴 기분이 드는 것이다.

　백만 원이 묶인 돈뭉치를 보고 있노라니 여느 돈과는 달리 세종대왕님 용안이 환하게 보였다. 이때까지 낱장 만 원짜리 돈에서 보아왔던 세종대왕님 용안하고는 판이했다.

　백만 원을 은행에 예금하려 생각하니 공과금 내는 기분이 들기도 하고, 통장에 있는 백만 원보다 소유하고 있는 현금 백만 원의 뿌듯함을 느껴서 집에다 보관하기로 했다. 이때부터 전에 없던 걱정이 생겼다.

　소유한 자의 걱정이라 할까. 외출을 하자니 집에 돈이 걱정되었고, 집안에 앉아서도 방범창의 부실함을 걱정했고 도둑이 거들떠보지 않을 정도로 초라한 집구석에 앉아서 들이닥치지도 않을 도둑을 염려하기에까지 이르렀다.

　생각다 못해 주머니에 넣고 다니는 것이 안전하겠다는 생각이 들었는데 여름 츄리닝 주머니에 휴대폰 늘어진 것처럼 여간 거추장스러운 것이 아니어서 태어나 소유한 자의 불편함을 처음 느껴보았다.

　돈 백만 원이 끼치는 불편함이 꽤 큰지라 집안에 물건 하나 들여놓는 것으로 백만 원을 없애기로 했는데 문제가 불거졌다. 세탁기가 탈수가 안 되어서 가끔 짜증을 내던 아내가 생각나서 세탁기를 교체하려 했더니 세탁기란 놈이 빙글빙글 웃다가는 종래에는 자지러지는 웃음소리를 지르며 세탁물의 물기를 쫙 뽑아내고 있었다. 텔레비전의 화면이 고르지 않고 흐렸었는데, 그렇다면 텔레비전을 바꿀까 하고 화면을 쳐다보니 텔레비전에 나오는 화면에 비치는 하늘의 파란색이 애국가 3절에 나오는 가사 중 '공활한 가을 하늘' 보다도 더 새파랗게 비치고 있었다.

　부엌에 바꿀 물건 있나 기웃하고 보니 가스레인지는 파란 불꽃을 날름거리며 놀리고 전자레인지는 나 멀쩡하니 신경 쓰지 말라고 소리를 윙윙 지르지, 식기 건조기는 작은 불빛을 껌벅이며 건재함을 과시하는데 혹시나 해서 냉장고 문을 열어보니 졸고 있던 냉장고가 놀라 안의 불을 번쩍 켜며 어서 문 닫으라고 냉기를 쏘아서 기겁하고 문을 닫았다.

돈 백만 원의 사용처를 찾아서 집안을 두리번거리다가 결국 아내 옷 한 벌 사주는 것으로 낙찰을 보았다. 옷 한 벌 사주겠다는 말을 들은 아내는 항시 가을 억새같이 뻣뻣하던 태도가 봄날 새순처럼 부드러워졌다.

돈 백만 원의 사용처를 이제야 제대로 잡은 것이다.

돈 백만 원의 위력 때문이었는지 시내 오일장에서 망설이며 들었다 놓았던 옷들이 하찮게 보였다. 오일장을 비켜 의류 매장을 찾았다. 옷을 고르던 아내가 옷 하나를 골라 걸치고서는 입이 귀에 걸렸다. 옷보다도 귀에 걸린 아내의 입이 보기 좋았다. 아내는 입으라고 사 온 옷을 입지는 않고 몇 번이며 장롱에서 꺼내 보며, 자린고비가 밥상 위에 매달린 굴비 보듯 하였다.

어느 날 드디어 그 새 옷을 입을 기회가 생겼다.

부부 동반 모임 초청장이 왔다. 그날 아내가 사 온 옷을 입고 외출을 하려면 날씨가 추워야 하는데 자비로우신 하늘의 도우심으로 날씨 또한 엄청 추웠다. 아내의 얼굴에 희색이 만면한데 이 추운 날씨야말로 아내에게는 꽃 피는 춘삼월 소풍날처럼 느껴졌으리라. 모임 시간이 저녁 어두운 시간이라 금의야행을 한다는 것이 한 가지 흠이기는 하지만 옥에도 티가 있을 수 있다며 전혀 개의치 않았다.

모임 장소 밖에 벗어놓은 신발과 안에서 왁자지껄하게 들리는 소리로 봐서는 꽤 되는 사람들이 모인 것 같았다. 몇 달 전 야유회에서 만났던 사람들 만나기를 몇 년 만에 만나는 사람들 인사 나누듯 하며 자리를 잡았다.

아내는 인사를 하느라 모인 사람들을 일일이 누볐지만 실은 그 옷을 자랑하고 싶은 마음이 더 간절했을 것이다. 하지만 누구 하나 옷에 관해서 얘기 한마디 건네는 사람이 없자 아내는 풀 빠진 옷 주저앉듯 자리에 앉았다.

그렇게 무리에 동화되어 한창 얘기가 오가는데, 아내가 앉은 뒤쪽 구석 자리에 개어진 옷 한 벌에 눈이 갔다. 기름기가 자르르 흐르는 듯한 결 고운 모피코트 한 벌이 들기름 발라서 방금 구워낸 듯한 김 마냥 날아갈 듯이 개어져 있었다.

몇 순배의 술잔이 오갔는데 좌중의 한사람이, 돈이 조금 생겼기에 오늘의 술값은 자기가 내는 것이니 많이 들라고 말하였다. 농지를 샀다 팔아서 차익을 남겼는데 뭐? 미등기 전매라나? 뭐라나. 그때 남긴 차액이 몇 푼 된다 했는데, 대수롭지 않게 말하는 그 몇 푼이 몇억이라는 것을 알아듣고는 음식을 먹던 입이 벌어졌다.

나는 움직이지도 못하는 땅에서 일 년에 두 번 농사를 지어 몇 푼 여유가 생겼다고 여유를 부렸는데 저녁값을 지불하겠다는 사람은 움직이지도 못하는 땅을 일 년에 두 번 거래해서 큰돈을 벌었다.

그 큰돈을 벌고도 몇 푼이 되지 않는다고 가볍게 말하는고는 다음에는 더 큰 건 하나가 기다리고 있다고 호기롭게 말했다.

그 소리를 듣고 우리 부부가 여유를 부렸던 돈 백만 원이 세상에서는 하찮은 잔돈푼이라는 것을 알았다. 귀갓길에 아내는 두꺼운 옷을 걸쳤음에도 추운지 짧은 허리를 구부리고 아무 말 없이 밤길을 걸었다.

옛날 산골에 사는 노부부가 그랬다지요

할머니가 이 세상에 있는 돈을 다 모으면 일억 원은 될 거야 하고 말하자, 할아버지가 되받아 말하기를 사람들 앞에서는 절대 그 병신 같은 소리 하지도 말아 아마 '백억원은 될 거야' 했다는 말이 있다.
우리 부부가 그 노부부 짝이 난 것이다.

못

▬▬▬▬서각 기능 보유자 손영학 선생과 저녁 약속을 했다.

약속 장소에 일찍 나가 기다리니 우산을 받쳐 들고 보도 위를 걸어오는 선생의 모습이 마른 체격에 큰 키 때문이었는지 종전에 늘 보았던 걸음걸이가 아니었다.

담소를 나누며 저녁을 마치고서 작업실이 있는 댁을 방문하니, 그날이 삼 년 동안 작업했던 춘향전 한글 완역본 서각을 마친 날이라고 했다.

목판에 앞 전 텔레비전에서 보았던 팔만대장경처럼 보였다. 직장을 다니며 삼 년 동안 시간만 나면 나무를 구해와 서각을 한 탓으로 건강도 전과 같지 않고, 앉아 작업하는 시간이 길다 보니 걸음걸이까지 정상이 아닌 것 같다고 말했다.

한지에다 목판을 뜬 것으로 '춘향면'을 두어 권 묶어놨는데, 한 권을 값으로 환산하자면 일백만 원은 호가한다고 했다.

내가 손에 낫자루와 삽자루만 집어봤던 터라 언제 제대로 책을 접해 봤겠느냐마는, 태어나서 최고로 비싼 책을 만져봤다는 통속적인 생각으로 문화인이 된 것 같은 황홀감을 느껴 봤다.

작업대 옆에 깨끗한 목판이 방치되어 있었는데 한구석에 조그만 홈이 있어서 못 쓰는 나무판이라 했다. 겉으로 봐서 나무의 재질 가리기가 꽤 힘들었다고 하며 나무 구입 과정에 애로사항이 많았다고 말했다.

목판의 재질은 은행나무인데 이 은행나무라는 것이 산속에 군락을 이루어 서식하는 것이 아니고 집 근처 울타리나 마을 주위에서 사람과 같이 자라고 있는 것을 구입해 제재소에서 켰다고 했다.

은행나무가 사람들 가까이 자라다 보니 사람들 편의에 의해 빨랫줄도 매었고, 은행나무를 기둥 삼아 울타리를 친 집도 있었다. 그때 박은 못이 나무가 자라면서 속으로 박히어 나무를 켤 때 톱이 부러지기도 했고 속이 썩기도 하여서 사용 가능한 나무가 별로 나오지도 않았다고 말했다.

귀갓길에 집이 좀 멀다 싶은데 운동 삼아 밤길을 우산을 받쳐 들고 걸었다. 늦게 집에 도착하니 걱정하고 있던 아내가 근심 끝에 한마디 한 것이 못 끝에 찔리는 것처럼 따가웠다. 참지를 못하고 그 말을 되받아 한마디 내뱉은 것이 그만 못이 되어 아내의 가슴에 박혔다.

못에 단단히 박혔는지 아내는 걱정 끝에 한마디 한 것에 맞받아 대못을 쳐 대냐며, 당신이 무심히 쳐댄 못이 마음과 가슴에 얼마나 깊게 박혔는지 아냐고 했다.

일부 못은 가슴속에서 벌겋게 삭아 파상풍이 생겼을 것이라 했다.

살아있는 생나무에 못을 친 것이다.

죽은 나무에 못을 박으면 가구가 되고 집도 되지만 살아있는 나무에 못을 치면 진액이 눈물처럼 흐르고 그 자리에 상처가 남는다.

은행나무가 못을 안고 속이 썩었듯이 나의 아내도 내가 입으로 박은 못을 안고 속앓이를 한 것이다. 은행나무를 쪼갠 후에야 못의 존재를 알았듯이 아내의 말을 듣고 못의 존재를 뒤늦게 깨달았다.

못은 나무끼리의 고정이나 연결을 할 때 사용하지만 사람에게 못은 고통과 갈라짐을 가져온다는 것을…

사람에게 못을 치는 것이 얼마나 큰 죄악인가?

이천여 년 전 이스라엘 땅 골고다 산에서 한 사나이를 나무에 못 박은 후로 사람들은 얼마나 후회를 했나 그 자손의 자손 후손 대대로….

'내 탓이요. 내 탓이요. 내 큰 탓이로소이다!' 라며 지금도 가슴을 치며 통회의 기도를 하고 있으니 말이다.

무서운 아내

━━━ 내 아내는 무섭습니다.

아내는 이치에 딱딱 맞는 소리만 하는데요 매사를 대충대충 처리하는 나한테는 아내가 사감 선생처럼 느껴질 때가 많습니다. 옷이건 물건이건 간에 한 번 입고 놓으면 그만인지라 아내의 지청구가 귀를 찌르지만 그 버릇 참으로 고쳐지지 않습니다.

아내는 말하기를 사람이고 물건이건 간에 다 자리가 있는 것이므로 정돈 좀 하고 살라 합니다. 한번 사용한 연장이나 물건을 생각 없이 던져놓고는 다음에 사용할 때 찾느라고 일할 시간을 소모하는 행동과 앞자락 또한 정리가 안 되고 널브러져 손해만 보고 산다는 아내의 잔소리를 들으며 십몇 년을 살다 보니 이제는 아내의 잔소리가 두렵고 귀찮게 생각하면서도 예의 그 버릇은 못 고칩니다.

어느 날 눈에 띄던 책들이 보이지 않아 아내에게 물어보니 당신이 치우지 않은 책을 한데 모아 고물 장수한테 넘겼다고 하는 데 기겁할 노릇입니다. 내 책이 분서(焚書)*를 당한 것입니다. 농사꾼 아내이면서 깔끔떠는 데는 두 손 들었습니다.

한가한 시간에 엎드려 책이라도 읽고 있으면 청소하는데 걸리적거린다며 발과 청소기로 탁탁 칩니다. 책을 보는 학자를 구박하는데 진시황제의 갱유(坑儒)**가 따로 없습니다. 이러니 아내가 어이 무섭지 않을 수 있겠습니까.

사실 무서운 사람 하면 우리 동네에서 상근이 형님만 한 사람이 없습니다. 칠십이 넘은 나이인데도 몸 놀리는 것이나 주먹질은 젊은 사람들도 경계하는데, 성미 또한 그에 비등합니다. 그런데 그 형님 말씀하시기를 세상 무서운 놈 하나 없는데 딱 한 사람 있다고 합니다. 네 마누라라고 말하는데 직수굿하고 올려다보는 얼굴이 무섭다고 하데요.

그 형님이 보증을 서서 농기계도 내 앞으로 신청해 주고, 적지 않은 돈도 이자 없이 선뜻 꾸어주기도 합니다. 나를 여러모로 도와주는데 나의 아내하고는 좀 심하게 말해서 견원지간 같습니다.

그 형님 집 옆에서 아내와 밭의 김을 매는데 자꾸 눈꼬리에서 뭐가 아른거리는 것 같았습니다. 저만큼 떨어진 형님 집 옆 그늘에서 시원한 음료를 꺼내놓고는 소리는 못 지르고 손짓으로 신호를 보내고 있습니다.

눈을 끔뻑거리며 입 모양으로만 불렀습니다.

얼마 전 아내가 교통사고를 당했습니다.

좌회전하기 위해서 좌회전 차선에서 신호대기를 하고 있는데 달려오던 차가 뒤를 받았답니다. 사고 난 차량 두 대를 갓길로 세워놓고 차를 점검하는데 우리 차 뒤가 우그러지고 깨졌습니다.

그런데 달려와서 들이받았다는 상대방 차는 앞이고 옆이 흠 하나 없이 말짱했습니다. 날아와서 받았나 하고 차 지붕을 봐도 깨끗했습니다. 이상하다며 차를 한 바퀴 돌아보니 가해자의 차량 뒤가 깨졌습니다. 우리 차의 뒤가 받혀서 뒤가 찌그러졌는데 받은 차도 뒤가 깨졌다니? 교통사고도 참 이상하게 났습니다.

아내 말로는 전속력으로 달려오던 차가 신호가 바뀌면서 브레이크를 밟은 것 같은데 가속도에 차가 밀리면서 180도 회전하여 돌면서 뒤꽁무니로 우리 차 뒤를 받았다는데 그건 아내 말일뿐입니다. 모르긴 해도 그 차가 달려오다 신호등을 본 것이 아니라 무서운 아내가 탄 차를 보고는 기겁하고 브레이크를 밟았을 것입니다. 겁이 나서 정면이 아닌 뒤로 돌아 받았을 것이란 생각이 들었습니다.

내 아내가 얼마나 무서운데 겁 없이 정면으로 들이받겠습니까?

그 운전하던 사람이 알아서 뒤로 받은 것 같네요.

내 아내 참으로 무서운 것은 나만 아니라 남들도 아나 봐요.

엊그제 아내가 교통사고를 당했다며 전화를 했는데 마트에서 쇼핑하기 위해 일행을 내려주는 중에 차 뒤를 받혔답니다. 마트의 물건 배달하는 차가 뒤로 후진하면서 들이받았다는데, 그 차 기사도 내 아내가 참으로 무서웠길래 앞으로 못 받고 뒤로 받았을 것입니다.

　내 아내 무서운 것은 근동 사람들은 다 아는 것 같습니다.

　내 아내가 무섭다 보니 아내가 탑승한 차를 남들이 들이받아도 감히 앞으로 들이받지 못하고 알아서 뒤로 받는데, 허구한 날 아내 앞에서 알짱거리는 나는 어떻겠습니까?

　그야말로 무서워 죽을 맛이에요.

　*분서(焚書) : 진시황제가 식자층을 강압하기 위해 의학, 농업, 점치는 책을 제외한 모든 책을 불살라 버림

　**갱유(坑儒) : 진시황제가 유생을 잡아다 땅속에 생매장 시켜버린 것을 말함

사윗감

━━━ "나 결혼 못 해요."
"사람 그만하면 됐는데 왜 그러냐?"

결혼을 앞두고 아내 될 사람과 장모 되실 분의 대화다.

아내가 생각하는 신랑감은 인물, 학력, 금력이 갖춰져야 세상 편히 사는 것이요. 어머님이 생각하는 사윗감으로서는 주먹으로 쥐었다 펴놓은 놈같이 생겼어야 딸 속 안 썩이고 말썽 없이 사는 것으로 믿는 것이었다.

나라는 존재는 아내가 생각하는 신랑감으로서는 낙제요 어머님의 사윗감으로서는 제격이었다.

한 핏줄인 부녀지간에도 마음이 일치하지 않는데 부부로 만난 전혀 다른 피끼리 마음이 맞겠는가? 나와 아내 될 사람의 마음 일치는 2차 적인 문제고 부녀지간에 합의해서 한마음이 되어야 약혼이고 결혼이고 하는 것 아니겠는가.

부녀지간에 모종의 합의를 본 덕분에 무사히 결혼했지만 우리 부부는 결혼 생활 사십여 년 동안 마음을 제대로 맞추어 보지 못하며 살고 있다.

사십여 년 동안 비포장도로 위의 우마차같이 삐거덕거리며 살고 있는데, 그 소리가 귀에 거슬리고 시끄럽기도 하여 마음의 윤활유나 한번 쳐보았으면 하는 생각도 해보지만 서로의 고집이나 아집이 아닌 자존심이 용납지를 않았다. 한 발짝 다가가 맞추려 하면 한 발짝 뒤로 물러나기도 하고 자존심을 죽여서 오른쪽을 들어 맞추려 하면 왼쪽으로 어긋나기가 일쑤다.

종교 문제만 해도 그렇다.

흔히 말하기를 같이 사는 남편이 사후에 맑은 하늘로 데려가겠다고 천주교회를 같이 가자는데 저 혼자 햇빛 쨍하는 하늘 찾아가려는지, 멀리도 아닌 바로 천주교 옆의 장로교회를 나간다. 일이 이 지경이니 우리 부부가 얼마나 서로 안 맞는지 알아볼 일이다.

나라고 고집 없는 것은 아닌데 아내가 크산티페 노릇을 하려면 얼른 알아차리고 자존심 죽여 소크라테스가 되기로 했다. 장모님이 왜 주먹으로 쥐었다 펴 놓은 놈같이 생긴 사윗감을 원했는지 그 심오한 뜻을 헤아렸기 때문이다. 둘의 생각이 그러할진대 어찌 일거수일투족이 맞겠는가. 자기의 행동 느린 것은 탓하지 않고 나의 부지런함을 바지런하다고 탓한다.

너무 앞질러 간다나? 경박스럽다나?

내, 참! 부지런한 것 탓하는 사람은 대한민국에서 오십여 년을 살아오면서 딱 한 명 봤다. 그 한 명 본 것을 본 것으로 그치지 않고 내가 데리고 산다는 그 자체가 억수로 불행하기 그지없다.

농번기에 제시간에 밥이 나오지 않으면 배고픈 것은 차치하고 품꾼에게 미안하여 안절부절못한다. 일이 분도 아니고 한 두어 시간 늦게 밥이 나왔다. 그때의 성질로 봐서는 밥주걱을 뽑아 들고서 놀부 마누라 밥주걱 휘두르듯 아내의 면상을 쳐대야 하건만, 어머님이 제격으로 생각한 사윗감으로서의 기대를 저버리기 싫어서 꾹 참고 살았다.

동네가 개발된다 하여 농가주택을 지어 이주하기로 했다.

예의, 아내가 가로지르고 나서서 아파트를 사서 이주하잔다. 어디서 주워들었는지 아파트는 사는 순간 돈이 되지만 내가 짓고자 하는 단독주택은 짓는 순간부터 돈이 줄어든다고 우긴다. 장모님의 사윗감에 대한 어록이 생각났기 때문에, 이빨이 성질을 내고자 하는 것을 으깨 물고 간신히 참았다.

한나절 농약을 주고 들어와서 샤워하는데 시원한 냉면이 먹고 싶었다. 주방에 있는 아내에게 말하니 자기도 방금 물냉면 먹고 싶은 생각이 들었다며, 우리 부부가 이렇게 마음이 일치해 본 것이 얼마 만이냐고 말한다,

우리 부부가 말과 행동을 합해서 맞아본 것이 아마 사십몇 년은 되었을 것이다. 그것을 어떻게 기억하냐고 놀라시겠지만 결혼해서 처음 있는 일이니까 그리 어렵지 않았다.

어느 날 밤 거실에서 모녀가 나누는 대화를 듣게 되었다.

아내가 딸에게 말하기를 네 아버지 같은 사람을 남편으로 얻었으면 좋겠

다고 하는데 순간 '저 사람이 말을 안 해서 그렇지 서방 잘 얻은 것만큼은 인정하는구나' 라는 생각이 들었는데 이어 딸에게 하는 소리를 듣고는 남편 잘 얻은 얘기가 아니었다. 장래 딸의 남편 즉 자기의 사윗감을 말하고 있는 것이었다.

'주먹으로 쥐었다 펴놓은 놈 같은 사위'를 말이다.

딸이 못 살겠다며 울고불고 보따리 싸 들고 올 확률이 제로에 가깝다는 계산을 깔고 하는 말이었다.

속 좋은 인간

━━━━━ 일 년의 마지막은 한번 가는 것이거늘, 송년회가 벌써 몇 번째이며 앞으로 남은 송년회도 몇 건 더 있을 것이다. 송년회와 온갖 핑곗거리 갖다 붙이고서 들이켠 술 탓으로 얼굴이 안 붉어질 날이 없다.

집사람이 말하기를 그 많이 들이켠 술 탓으로 간이 하나도 남아 있지 않을 것이라 했다. 그래도 술만 들어가면 기분 좋아 히히거리니 허파에 바람까지 들어간 것 같단다. 기분 좋아서 한두 마디 덕담 지껄이니 쓸개 빠진 소리 그만하고 정신 차리란다.

그리고 친구의 대출금에 보증 독촉장을 내밀며 오장육부도 녹아버렸을 인간이라 말한다.

다음 날 눈 비비고 일어나 밥 한 그릇 뚝딱 해치우는 것 보니 하나도 남아 있을 것 같지 않던 간도 멀쩡히 그대로 있고 허파의 바람도 다 빠져나갔고 빠졌던 쓸개도 다시 돌아온 것 같다. 오장육부가 어떤 것인지 몰라도 녹아 흐르다 굳어져 다시 제 자리 찾은 것 같다.

외투를 걸치며 출근길을 나선다.
집사람은 나를 잡고 말하기를 나가서 제발 속 좋은 사람 좀 되지 말라 이르는데 큰일 날 소리 속 나쁘면 어쩌자고 어젯밤에 자면서 얼마나 고생했는데, 당해 본 사람만 안다고…

이 속인지 저 속인지 어떤 속인지 몰라도
어쨌거나 속이 좋아야 이 세상 원만히 살아간다고 알기나 해
이 여편네야…,

아내가 없는 집

▬▬▬▬ 살면서 어느 때인가 한 번쯤은 일상을 벗어나서 여행하고 싶다고 아내가 말한 적이 있었다. 바로 어제 아내는 틀에 박힌 일상에서 벗어난 사람들 몇이 기차여행을 떠났다.

얼마나 기다렸던 날이었나?
아내 없이 홀가분하게 지낼 수 있다는 날이 일요일 맞은 아이들 기분 같았다. 언젠가 독수공방하는 친구의 집을 방문한 적이 있었다. 방문을 연 순간 방안에는 자유가 넘쳐흐르는 것이 한눈에 들어왔다. 먹다 남은 술병은 머리

맡에서 휴지로 막힌 채 있었고 라면 봉지는 방 윗목에 발치께로 밀어놓은 이불은 자유의 분방함을 강조했다. 방바닥에 뒹구는 책은 펴 들면 재미를 선사했고 모아서 포개 베면 편리함을 제공하는 베개의 용도를 바꿔가며 사용하고 있었는데 이제 나도 아내가 떠나고 없는 방에 자유를 쫙 깔아놓고 뒹굴어 보는 것이다.

오늘 아침에 아내는 여행을 떠나면서도 무엇이 그리도 못믿어웠던지 당부하는 말이 끝이 없었다. 출발 시간 늦지 말라며 아내의 등을 떠밀다시피 하며 보냈다.

아내가 기차여행을 하는 그 시간에 술병을 머리맡에 놓고 책을 펴고서 나만이 누릴 수 있는 자유를 한껏 누렸다. 그 아까운 시간을 잠으로 축내고 싶지 않아서 대보름날 밤에 잠들면 눈썹이 하애질까 봐 잠 못 드는 어린 시절처럼 안절부절못하다 결국 잠이 들었다.

다음날 눈을 뜬 후로 아내에 대해서 너무 많은 것을 알아냈다.

방학이라 그런지 아이들이 교회에 갈 시간인데도 일어나지를 않았다. 애들을 넘어 다니면서 소리를 질러 아이들을 깨워서 교회에 보냈다. 아침마다 아내가 지르는 소리에 교양 없이 큰소리나 친다고 했었는데 오늘 아침에 애들 깨우는 내 목소리는 아내가 아침마다 지르는 교양 없는 소리보다 더 크면 컸지 절대 작지는 않았을 것이다.

아내가 아침마다 지르는 큰소리에 뜻을 이제야 알았다.

방안의 어지러움을 자유라고 생각했는데, 그것은 자유가 아니라 게으름과 방종의 부산물이라는 것을 깨달았다. 집 안 청소를 하느라고 걸레질을 해 대는데, 방바닥이고 마룻바닥에 머리카락 빠진 것이 그렇게도 많은 것에 놀랐고 아내의 집 안 청소하는 일이 왜 그리 더뎠었는지 그것도 이제야 알았다.

    교회에 갔다 온 애들과 함께 밥을 먹었다.
    녀석들이 밥을 먹다가 남겼다. 개를 주자니 개밥그릇도 꽉 차서 마땅치가 않아 결국은 그 밥을 내가 다 먹었다. 아내가 왜 살이 찌고 뚱뚱해졌는지 그 이유를 이제야 알았다.
    저녁을 차려서 아이들과 함께 먹으려 하니 아이들이 밥 생각이 없다 한다. 밥상에 혼자 앉아서 찬밥 한 숟가락 떠 넣으니 모래 씹는 것 같았다. 숟갈 내려놓고 소주 반병 따라 마시는 것으로 저녁을 대신했다.
    결혼 못 하고 혼자 사는 친구나 동네 홀아비 형님들이 왜 그리 술에 젖어 사는지 그 이유도 알았다. 아내가 없는 짧은 동안에 이렇게도 아내에 대해서 너무 많은 것을 알아냈다. 하지만 아내에게 차마 말은 못 하겠다. 날이 더운 복중인데도 어딘지 모르게 허전하고 으스스했다.
    왜 그런지 그것만큼은 이유를 모르겠다.
    컴퓨터를 하는 애들 등 뒤로 가서 네 엄마 언제 온대냐? 하고 물었다. 아들 녀석이 이상하다는 듯이 어제 가셨으니 오늘 오시는 날 아녜요? 하고 대답했다.
    TV 한 프로 끝나고 어슬렁대며 애들한테 가서 습관처럼 또 물어보려다 얼른 입 다물고 돌아섰다. 네 엄마 어디쯤 오냐고 하는 말이 입안에서 달싹거렸는데 말이다.

    늦은 시간에 아내가 여행에서 돌아와 여장을 풀었다.
    나 없는 동안에 집안에 별고 없었냐고 아내가 물었다. 집 나갔던 사람이 무슨 일이 있었겠지 집에 있는 사람이 무슨 일 있겠냐고 하다가 오늘 겪었던 일을 얘기하려다가 얼른 입을 닫았다.

어디 그 말만 해봐라 아내는 득달같이 "거 봐라! 내가 집을 비워서 혼 좀 났을 것이다. 티도 안 나는 일로 당신 모르게 얼마나 고생하는데.…"라며 유세를 떨 것은 뻔한 일이다.

내가 속으로 휴! 하며 안도의 숨소리를 몰아쉬는 것을 아내가 놓칠 리가 없다. 무슨 일 있었지? 말해봐 말해봐 하는 것을 음주 측정하는 경찰 앞에서 입 벌리지 않으려는 죄인처럼 흠! 흠! 거렸다.

입을 꽉 다물고 숨만 들이켜면서…

여자의 일생

▬▬▬▬ '참을 수가 없도록 이 가슴이 아파도 여자이기 때문에 말 한마디 못 하고 헤아릴 수 없는 설움 혼자 지닌 채 외로운 인생길을 허덕이면서…'

가수 이미자가 부른 '여자의 일생'이란 노래다. 흔히 말하기를 여자의 팔자란 뒤웅박 팔자라 했는데 여자란 남자 만나기에 따라 운명이 결정되기도 하고 바뀌기도 하는 것만 같다.

토머스 하디의 소설〈테스〉에서 여주인공 테스가 알렉을 잘못 만나 비운의 일생을 살았고 페데리코 펠리니 감독의 〈길〉에서는 젤소미나가 떠돌이 차력사 잠피노를 만나 정신이상자가 되어 길에서 죽는다.

또 우리나라의 TV 드라마 〈여로〉에서의 분이는 영구를 만남으로 해서 시련의 인생을 살아가기도 하는데 우리 밭에서 김을 매는 할머니 또한 자기 살아온 것을 글로 쓰자면 소설 열 권으로 부족하다고 말하기도 하는데 그 말 속에는 역경 속에서 힘겹게 살아왔음을 간접적으로 담아내기도 했다. 그리고 또 한 사람, '자기나 되니까 도망 안 가고 산다' 라는 내 아내가 있다.

문제는 바로 나와 백년해로를 약속한 사람이 조금이나마 도망을 생각하고 있다는 데서는 그 심각성이 참으로 크다. 결혼 후 아내에게 특별히 잘해준 것도 없지만 또한 못 해준 것도 기억에 없었는데 아내의 말하는 것으로 봐서 아내는 결혼 생활에서의 일탈을 염두에 두고 있을는지도 모르겠다. 그 후로 영화 주제가 〈가방을 든 여인〉은 우리 집에서 금지곡이 되었다.

여자가 가방을 들었다고 하면 가출을 뜻하기도 하는데 가방을 든 여인을 순수 우리말로 바꾸어 직역한다면 보따리를 든 여편네가 되는지라 보따리로 사용할 만한 보자기라도 보이면 금강산의 나무꾼이 선녀 옷 감추듯이 감추고는 했다.

아내 말로는 자기가 떠나서 내가 혼자라도 남게 된다면 허구한 날 술독에 빠져 살고 내복 속에는 이가 서 말이라며 해피엔딩은커녕 쎄드엔딩으로 인생 종 칠 것 같으니 있을 때 잘하라고 못을 쳐 댄다.

년 말 부부 동반 모임에서 그 얘기를 했더니 여자들이 양은 쟁반 위에서 콩 굴러가는 소리를 내며 일제히 웃더니 요즘 여자들 누구나가 다 그 소리를 달고 산다며 루이뷔통이나 샤넬 상표로 도배를 한 여자나 돈이 많아 손에 물집이 생길 정도로 돈을 세는 여자도 자기나 되니까 도망 안 가고 산다는 말을 달고 산다며 나보고 순진하다거나 어리석다는 말을 하는데 그 말을 듣는 순간 '뎅-' 머릿속에서 봉덕사의 종소리가 길게 여운을 남기는 듯한 소리가 울려 나왔다.

　여자는 어느 남자를 만남에 따라서 운명이 결정 지어진다는데 나는 어느 여자가 아니라 이 여자를 만남에 따라 주눅 든 채로 인생을 살아가고 있는데 끓어오르는 성질에 당장 내 아내를 뚜드려패야겠다고 마음먹다가 여자는 꽃으로도 때리지 말라는 미투 운동가의 말이 생각나서 때리지도 못하겠고 들어가서 패대기라도 쳐야겠다고 생각했는데 그도 쉽지 않을 것 같았다. 몸무게가 어느 정도라야 들지 그래서 내가 포기하고 아내가 떠나든지 말든지 그냥 두기로 했다.

　단지 이 노래가 생각났기 때문에 눈 하나 까딱 않고 갈 테면 가라고 버티고 있었다, 믿는 구석이 있어서…

　'나를 버리고 가시는 임은 십 리도 못 가서 발병 난다' 라는…

육 목단 열 끗

포대 배치를 받아 행정반에서 신상기록 카드를 작성하는데 행정병인 이 상병이 전화로 보고하는 소리가 들렸다.
"신병 여덟 명 중 본포(本砲)에 두 명 챠리 두 명 브라보 세 명 우리 알파에 흑싸리 쭉정이 같은 놈 한 명!"이라고 외치는 소리가 들렸다.

흑싸리 쭉정이라?
그것은 곧 나를 일컫는 소리였다.

제대하고 나중에 안 일이지만 내가 군대 갈 때 어머니의 표정이 평시와 변함이 없으셨다. 내 위로 형님, 네 분이 군대를 갔다 왔으니만치 어머님의 감정이 많이 무디어졌으리라 생각했다.

훈련소에서 군복으로 갈아입고 내가 입던 옷을 집으로 부쳤을 때 그 보따리를 보고는 그제야 울음을 터뜨렸다고 했다. 군인을 뽑는 사람의 눈이 잘못됐지 분명 우리 애는 되돌아 올 줄 알았다고 생각했단다.

곡식은 남의 것이 더 커 보이고 자식은 내 자식이 더 커 보인다는 말대로, 제 자식이라고 프레미엄을 얹고 보는 어머님 눈에도 내가 말라 비틀어가는 흑싸리 쭉정이로 보였었나 보다.

그 아들이 제대하고 나이가 차서 결혼하는데 신부 될 사람이 마뜩잖게 생각하는 것이 신부 될 사람도 나를 흑싸리 쭉정이로 생각하는 것 같았다.

별 볼 일 없는 모양새를 표현하기를 곧잘 화투판의 흑싸리 쭉정이로 표현하는데 나의 아내는 나를 흑싸리 쭉정이라고 말은 하지를 않았어도 얼굴에 속마음이 여실히 나타나는 것을 볼 수 있었다.

우월주의에 빠져서 자기 정도는 고스톱판의 광(光)이나 새(鳥)까지는 생각하지 않더라도 김지미 정도로 자화자찬하고는 했는데 그렇게 말하는 소리를 들으면 나를 어떻게 평하는지는 알아차릴 만했다.

김지미?

김지미라면 화툿목을 만져봤던 사람들이 육 목단 열 끗을 지칭하는 말인데, 육 목단 열 끗 하니 웃음도 나지만 황당한 생각도 들었다. 육 목단 열 끗과 흑싸리 쭉정이가 만났으니 어느 모로 보아도 점수가 빨리 나는 데는 하등의 도움도 되지 않는 화투패다. 결혼 생활로 본다면 억수로 안 맞는 궁합이기도 했다.

　나의 아내는 모양새만 보고 말하는 것 같았는데 화투장에서 제일 별 볼일 없는 것이 오 난초와 풍열과 육 목단과 칠 홍싸리 열 끗 자리다.

　칠 홍싸리 열 끗은 가끔 돼지라도 바라는 사람들이 요긴하게 쓸 적도 있는지라 오 난초 열 끗과 풍열과 육 목단 열 끗이 화투 마흔여덟 장 중에 제일 하찮게 취급을 받는다. 그래도 풍 열 끗은 초상집 섰다 판에서 장사 패라도 쥐어보려는 사람이 바라는 화투장이다.

　아내가 우습게 여기는 흑싸리 껍질로 띠를 먹으면 초단이 날 확률이 있고, 열 끗 자리를 먹으면 새가 날 확률도 높으며 껍질만 먹어대도 피 나는 데 큰 도움이 된다. 흑싸리 껍질끼리 모이고 해서 피로 삼 점이 났을 때 피박이라는 가공할 힘도 발휘한다.

　흑싸리 껍질 두 장이 보태져서 하찮게 취급하는 피 열 장이 모여보자 다른 조건으로 점수가 난 곳에 보태어지는 캐스팅보드 역할도 하는 다재다능한 것이 바로 피라는 것이다.

　노련한 노름꾼이라면 흑싸리 껍질의 힘과 위력을 이미 알고 있는지라 함부로 대하지를 않고 정 먹을 패가 없을 때 육 목단 열 끗을 포기하는 것이다.

　그런데도 고스톱판의 육 목단 열 끗 같은 내 아내는 흑싸리 쭉정이 같은 남편보다, 자기가 점수 나는 데 큰 보탬이 되는 줄 착각을 하고 있다.

　고스톱판 같은 인생살이에서 앞으로도 얼마를 더 피박을 써가면서 돈을 잃어봐야 육 목단 열 끗이 하찮고 흑싸리 껍질이 중요하다는 것을 알는지는 돈 잃어가면서 본인 스스로가 터득하는 수밖에 없다.

　우리가 살아가는 세상에서 빛 좋은 개살구라는 말이 있다.

이것은 곧 화투판에서 육 목단 열 끗을 지칭한다고 해도 틀린 말이 아닐 것이다. 그 소리를 아내한테 해봐라 화투판(살림) 엎어버려 파투가 날지도 모를 일이다.

어이 육 목단 열 끗!
청단 나는 것 아닐 바에는 육 목단 열 끗으로 굳이 청띠를 먹으려 하지 말고 바닥에 흑싸리 쭉정이라도 깔려 있을 때 얼른 먹고 피박이라도 빠져나갈 생각이나 해라 육 목단 열 끗 소중히 생각해 봤자 그것은 곧 돈 잃는 지름길이다.

잔소리

━━━━━ 총은 군인이 쏘고 잔소리는 여자가 하는 줄만 알았다.

군대를 다녀오고 결혼하고 보니 그 말이 맞기는 맞았다. 군대를 다녀온 사람은 알겠지만 '전투 수칙' 여섯 번째에 '나는 단 한발의 탄약도 아끼겠다.'라는 항목이 있다. 그만큼 실탄을 아끼고 요긴하게 쓰라고 강조하는 소리였다.

결혼 후 나의 아내도 군인이 실탄 아끼듯이 잔소리를 아끼면 전혀 문제가 없을 텐데, 그놈의 잔소리를 물자 흔한 양놈들 총 쏘듯 해대니 환장할 노릇인데 어떠한 날은 조반 전부터 잔소리라는 총질을 해대는데 타깃이라 할 수 있는 목표물이 아들 녀석일 때도 있고 딸일 때도 있지만, 그 총구는 거의 다 나를 향해 불을 뿜었다.

한번은 아들 녀석을 향해 총을 쏘아대는 옆을 지나다가 당신도 똑같다는 소리를 들었다. 사선(射線)에서 얼쩡거리다 튕겨 나온 유탄에 맞아버린 꼴인데 싸우다가 총에 맞으면 전사로 분류되지만 유탄에 맞아 죽는 것은 사망으로 취급된다.

그나마 다행인 것은 아내의 총은 자동소총이 아닌 반자동이라서 나름대로 위안이 되는데 반자동이든 자동이든 간에 총소리는 총소리다. 그 총소리를 하루라도 듣지 말아야 할 터이지만 아내 빼놓고는 우리 세 식구가 총 맞을 짓을 하고 사는 데 문제가 있다면 문제였다.

아내가 사 온 옷을 아들 녀석이 고집 피우고 안 입다가 또 총 한 방 맞았다. 건성건성 청소하던 딸아이도 두어 방 맞았고 나는 뭘 그리 잘못한 일이 많았는지 셀 수도 없이 총을 맞았다.

아들 녀석의 방에서 총소리가 났다.

문틈으로 들여다보니 뱀이 허물 벗은 것처럼 옷이 널브러져 있고 이불은 둘둘 말린 채로 구석에 처박혀 있었다. 아침에 늦잠 자느라고 비몽사몽 간에 즉사 일보까지 총을 맞았던 녀석인데 아내는 학교 간 아들 녀석의 빈방에다 연신 총질을 해댔다.

아내의 총구 앞에서 얼쩡거려 화를 자초한 일이 어디 한두 번뿐이었으랴 신문지를 집어 들고 화장실로 숨어 들었는데 물소리 들리는 것으로 봐서는 주방에서 물을 마시는 모양인데 벌컥벌컥 소리가 아니고 피 시식 피식하는 소리가 들렸다.

　아마도 벌겋게 달구어진 총열이 식는 모양이었다. (하기야 오늘 유별나게 총질을 해대더라)

　아내의 총 얘기를 했는데 무기를 말할 때는 그 무기의 제원상 특성을 먼저 얘기해야 맞지만 총은 숨겨둔 채로 총구만 내놓고 쏴대는 통에 확실한 총의 실체를 못 보았으니 함부로 총의 특성을 말할 수가 없다.

　총소리로 봐서는 반자동 총이 확실했고 총소리가 창문 밖이나 담 밖으로 나가지 않고 집안에서만 울렸다. 총소리를 못 들은 이웃들은 우리 집에서 총을 쏴대는지 전쟁이 났는지 도통 모르고들 사니 그들에게 물어볼 수도 없었다.

　단, 총의 성능은 나도 인정하는 바이지만 60~70년대에 한국 영화에 나오는 총처럼 영화 시작부터 끝까지 총을 쏴대도(그것도 자동으로) 탄창 한번 갈아 끼는 것을 보지 못했다. 어림짐작으로 봐서는 바로 내 아내가 그 총을 가지고 있는 것 같았다. 탄창도 갈아 끼는 것을 보지 못했는데 몇 년째 총질을 해대니 말이다.

　어느 날과는 달리 아내의 얼굴에 결연한 의지가 서렸다.

　집안이 냉랭해지며 전운이 돌았다.

　세상에나! 총의 탄창이 아니라 실탄을 상자째 쌓아놓고 총의 크리크 수정까지 하는 것을 보니, 말은 없지만 분명 나를 조준하기 위한다는 것쯤은 알 수 있었다.

　개인용 화기 총열에 여간해서는 사용 않는 양각대까지 부착하는 것을 봐서는 아주 작심하고 총을 쏘겠다는 모양인데 왜 그런지 그 원인을 찾다가 나는 그만 사색이 되었다. 얼핏 책상 위로 금융기관에서 날아온 고지서가 보였다.

　아내 모르게 땅을 저당 잡혀 친구 사업 자금으로 돌려줬는데 이 친구가 이자를 내지 않아 곧 법원에서 강제경매 절차에 들어간다는 예고장이었다. 다리가 후들거렸다. 누구든 총구 앞에 서봐라 섯지도 못하고 아예 주저앉아 버릴 것이다.

　총구 앞에는 귀신도 안 붙는다는 말이 있다.
　총구멍이 대포 구멍처럼 커 보일 수도 있다는 것을 그제야 알았다. 이럴 때는 삼십육계가 최고의 방법이라 문을 박차고 밖으로 튀어 날았다. 그와 동시에 난무하는 총소리가 들렸다. 총을 맞아 그러했는지 몸이 허공에 뜬 상태로 동작이 멈췄고 총소리만 어지럽게 들렸다. 시간이 정지된 느낌이 들었는데 폴 뉴먼과, 로버트 레드포드가 주연으로 나왔던 영화 '내일을 향해 쏴라'의 마지막 장면 그대로였다.
　알량한 자존심이 총에 맞아 갈기갈기 찢겨 나가는 것이 보였다. 남자의 체면이라는 다리가 푹 꺾이며 몸이 중심을 잃고 앞으로 고꾸라졌다. 그 시간이 길게 느껴졌고 동작 또한 느릿한 동작으로 흐느적거렸다.
　아내의 총질에 정신적인 영혼은 죽임을 당했지만 육신은 살아있다는 것을 보여주어야겠다 생각하고 내가 무기가 없어서 가만히 당하는 줄 아는 것 같은데, 판단 착오라는 것을 보여 줄 때가 된 것만 같았다.
　성질 같아서는 머리채를 휘어잡아다가 반쯤 죽여 놓는 것이다. 그러고는 핵폭탄에 버금갈 수 있는 이단옆차기를 날리는 것이다. 그렇게 한다면 한 가정이 지구상에서 멸망하는 것이다. 핵폭탄을 맞았으니 온전할 수 있겠는가? 그러나 강대국 밑에는 약소국이 있듯이 어린 자식들이 걸렸다.

핵 단추 스위치에 얹었던 손을 힘없이 내려놓으며 생각 많은 사람의 비애를 느끼며 애들을 봐서라도 내가 죽어(맞춰)가며 살아야지 그러다 총상 당했던 곳에 어언 새살이 돋는데 또다시 총소리가 들리고 '전선야곡'이라는 노래가 들려온다. '총소리 자장가 삼아' 라는 구절이 있다. 거리상으로 산 너머에 버금갈만한 안방 밖의 주방쯤에서 쏘는 듯한 총소리가 들린다.

이제는 나에게도 그 총소리가 자장가처럼 들렸다.

타앙.
타아~아~아 앙

적과의 동침

▬▬▬▬ 혼자 살 수 없음을 느꼈기에 결혼했다.

검은 머리 파뿌리 될 때까지 백년해로하라는데 지당하옵신 말씀인데 백년으로 만족할 수 있겠는가? 한 천년은 해로 해야지.

이렇게 상냥한 아내와는 천년 해로도 짧을 것이다.

그 어떤 머저리 같은 친구가 결혼은 해도 후회 안 해도 후회라는 알쏭달쏭한 말 같지도 않은 소리를 한 것 같은데, 그 친구 결혼이나 해 보고서 하는 소리인지 자못 궁금했다. 아내의 모든 행동이 예쁘기까지 하여 처가가 어느 쪽에 있는지도 모르고 처갓집 말뚝이 있을법한 방향에다 거푸 절하고 싶은 충동 억제하느라고 진땀깨나 뺏다. 앞날은 핑크빛이고 하늘에는 무지개가 떠 있을 것으로 생각하고 창문을 열어보니 웬걸! 그놈의 무지개는 어느 곳에 처박혀 있길래 이렇게 깜깜한 것인지 기분 맞춰서 밤에라도 좀 떠 주면 안 되는지 모르겠다.

아내의 정성이 담긴 액세사리가 집안의 파스텔톤 벽지의 색깔과 조화를 이루어 좁은 집안이 환해졌다. 아내가 혼수용으로 해 온 물건들은 내가 종전에 쓰던 물건들을 얕잡아보듯 하며 하나둘 밀어내며 그 자리를 차지했고 아내가 해온 혼수용 물건이 뻐꾸기 새끼같이 보이기 시작한 것은 그리 오랜 시간이 걸리지 않아서였다.

내가 쓰던 물건이 아무리 가지 수가 없을 정도로 빈약했어도 두 사람이 쓰던 물건을 합치다 보니 가뜩이나 작은 집의 조그만 공간이 점점 오그라들었다. 작은 공간이 만들어내는 신경전은 급기야는 상대방의 인신공격성 발언을 유도해 내기까지에 이르렀다.

"좁은 공간에서 쓸데없이 엉덩이만 커 갖고는!"

"누구는? 낮은 집에서 호밀 대 같이 키만 커서 뭣 하나로" 시작하여 우리 둘의 사이에 미세한 균열이 아름아름 생겨나기 시작했다. 그 작은 틈바구니에 아이들 몫의 자리까지 마련하려니 다리 쭉 펴고서 책을 본다는 것은 언감생심이요, 신문 펼쳐놓고 본다는 것 또한 만원 전철 안에서 펴놓고 보는 것만큼이나 염치를 요구했다.

벌렁 드러누워서 신문 좀 보겠다는 소박한 희망으로 집을 이쪽저쪽 헐어내고 넓혔다. 그런데 집을 넓혀서 벽의 도배지에 풀도 마르기도 전에 아내가 부업한다고 재봉틀 두 대를 턱 허니 들여놓았다. 그리고는 시커먼 관 같은 무거운 피아노를 잽싸게 들여놓더니, 얼어 죽을 김치냉장고는 부엌에 그래도 공간이 조금 남았다고 대형 냉장고를 거론한다.

틈이 조금만 있어도 힐끔거리며 가구든 물건이든 채우려고 기를 쓴다. 더는 물러설 곳이 없다는 배수의 진을 치고 한쪽 구석의 조금 남은 공간에 모형 벽돌을 쌓아서 천장까지 닿을 정도로 수납공간을 만들었다.

이곳만큼은 제발 넘보지 말라는 염원을 가지고 수직으로 세 칸을 나눈 위 칸을 성스러운 장소로 정하여 십자가와 성모상과 성경책을 질서정연하게 진열해 놓았다.

이렇게 성스러운 자리 바로 밑 칸에 세속적인 전자레인지를 들여놓겠냐고 생각했는데 놀랍게도 장로교 바자회에서 구입했다며 '태초에 하나님이 천지를 창조 하시니라 창 1장 1절' 이라고 쓴 도자기를 바로 밑 칸에 진열해 놓았다.

아니! 천주교회의 상징인 성스러운 자리 바로 밑에 장로교에서 가져온 도자기를 진열해 놓는 것은 명백한 주권(主權)이 아닌 성권(聖權) 침해요 선전포고로밖에 볼 수 없는 상황이었다. 주님의 이름을 걸고서 성전(聖戰)이라도 한바탕 치러야 할 판이다.

"이 여자가 장로교 집사면 집사지 나는 천주교 구역장인데 감히 구역장을 우습게 봐도 된단 말이지, 기독교 믿는 이 여편네야 어디 있냐?"

"천주교 믿는 남편아 나 여기 있다."
"예배당에서 그렇게밖에 못 배웠냐?"
"성당에서는 이해심도 안 가르치냐?"

"예라니 신교야"

"예이 구교야"

"이런 잉글랜드야"

"저런 아일랜드야"

막상막하의 전운이 감돈다.

저 여자가 이 집에 처음 이사 올 때 이삿짐 안 나르고 다니는 교회 생철판 얻어다 선수 쳐서 대문 위에 떡 허니 붙여놓더니만 이렇게 거머리같이 물고 늘어진단 말이지 찬송가 테이프를 틀어도 '주의 이름으로 승리를 얻겠네' 하는 도전적인 찬송가를 틀어대는데 나 같은 녀석한테 승리를 얻어서 어찌하겠다는 것인지 도통 알 수가 없었다.

장로교 달력 갖다가 천주교 달력 위에 겹쳐서 걸어놓는 것은 또 무슨 심보인가? 장로교 달력이 그림 없는 천주교 달력보다 시각적으로 전도하기 좋다고 우긴다. 아이들까지 세뇌 공작으로 포섭하여 장로교로 데리고 다니면서, 이 집안에 전도할 사람이 어디 남았다고, 참는 것도 한계가 있는데…

그러는 사이 아내와 알음알음 생겼던 미세한 균열은 점차 틈이 벌어져만 갔다. 부업이라는 개념이나 아는지? 본업도 없던 상태에서 저지른 부업이 망했다는데 손해는 차치하고라도 초가삼간은 다 타도 빈대 타죽는 것만 좋아죽겠다고, 어찌 되었든 간에 아내가 하는 일이 망했다니 잘됐다.

빈대 두 마리 같던 재봉틀 두 대를 냉큼 처리해 버리고 그 자리에 피아노보다 면적이 더 넓은 전축을 들여놓았다. 아내를 이겨야 했다. 아내가 들여놓은 피아노 높이보다 더 높이려고 레이저 디스크장치를 한단 더 올리려는데, 아내는 아파트 고도 제한하는 관리처럼 눈을 부라린다.

　나의 피눈물 나는 노력에도 불구하고 내가 차지했던 공간은 육칠월 가뭄의 물웅덩이처럼 줄어버리고 집안에서 내가 쓰던 물건은 점차 사라져만 갔다.

　그리고 그 자리를 아내와 아이들의 물건들이 슬금슬금 차지해 들어오고 있었다. 이제는 아이들까지 저희 엄마와 연합전선을 구축하고 대놓고 내 물건 있던 자리를 넘본다.

　피아노 위에 있던 범선은 고추 내놓고 뛰어다니던 아들 녀석의 손길에 채여 신안 앞바다에 좌초되었던 송나라 때의 유물선보다 더 처참히 박살이 났다. 그리고 그 자리는 아들 녀석이 사 온 시퍼런 장난감 공룡이 손이라도 댈라치면 으르렁대는 호전적인 소리를 질러대며 지키고 있었다.

　내 편 한 명이 아쉬워서 아내의 전위대 역할을 하는 딸에게 나에게로의 전향을 은근히 타진해 보았다. 아빠에게 전향할 경우 엄마 쪽에서 저지른 죄는 일체 불문율에 붙일 것이며, 엄마 쪽에서 누렸던 대우와 동등하게 대해줄 것을 약속했다.

　또 포상금으로 디지털 피아노 한 대와 귀순자의 요구조건을 가급적 수용하겠다는 파격적인 제안에 딸의 낌새가 심상치 않음을 포착했다.

　어느 날 아들 녀석의 밀고로 딸은 저희 엄마에게 체포되어 안방 공안분실로 끌려 들어갔다 나오더니만 일체의 묵비권을 행사하며 저희 엄마 품으로 다시 투항했고, 나는 단기필마로 외로운 싸움을 끌어 나갔다.

　아내는 전열을 정비하더니만 보복성 총공세를 펼치는데, 때는 봄이니 춘계 대공세라 해야겠다. 아내는 한지공예에서 만든 종이 등, 함지박, 다과상,

등을 피아노 위를 거쳐 건축 위로 진열해 대며 조금 남은 나만의 공간을 수평적으로 짓쳐들어오고 있었다.

한쪽에는 아들 녀석이 색종이 접기 작품을 자랑한다며 작품을 벽에 붙여 수직 면적을 도배하다시피 하면서 무당집의 벽만큼이나 현란하게 밀고 들어왔다.

모든 것이 보기 싫어서 불을 끄노라니 놀랄만한 광경이 눈에 들어왔다. 천장 가득하게 별과 달이 빛을 발한다.

언제 천정에 저런 것을 붙여놨는지 의아했다. 한나라 군사에게 포위된 사면초가의 항우가 생각났다. 완전 입체적인 공격 속에 그만 전의를 상실해 버렸다.

"휴전"
아니 급하니까 말이 헛나온다.
탈냉전 그만 싸웁시다.

쌍방 대표가 냉전 종식 행사 마치고 때가 야시(夜市)이니 식후 행사의 일환으로 누드가 생각나는데 하니 무드가 더 좋다고 대응한다. 누드, 무드 고집 피우다가 결국은 누드 무드 대신 우드드 협상이 깨져버렸다.

"세상에 마누라와 마음이 일치되는 것이 하나도 없으니 제대로 되는 일이 있겠는가?"
"누가 할 소리인지 모르겠네,
남편이라면서 조금만 양보하면 죽는 줄로 아니!"

으 끓는다. 끓어!
그렇지만 똑똑하고 잘난 내가 참는 수밖에"
"웃기는 소리 말어!
멸치같이 비쩍 마른 속 좁은 인간보다 통 넓은 내가 참는다. 참아!"
"참는다고 스트레스받아 비쩍비쩍 마르는 소리 듣지도 못하냐?
이 마누라야"
"누군 스트레스 안 받는 줄 알아? "
"버걱버걱 스트레스 살찌는 소리 귓구멍 없어 못 듣냐?"
이 남편아!
참 어떤 인간인지 말 한번 잘했다.

"결혼은 안 해도 후회 해도 후회"라더니

오! 마이지저스

조명은 번갯불처럼 날카롭게 번쩍거렸고
음악소리는 천둥소리 같았으며
춤추는 모습은 마치
절규하는 모습으로 보이는데…

5부_

갈등

여호와 말씀에 의인 10명만 있어도 소돔과 고모라를 멸망시키지 않겠노라는 성경 구절을 보았다. 속이고 훔치고 죽이고 하는 일이 다반사로 일어나는 세상에서 그래도 의인이 10명이 넘는지 여호와는 이 세상을 멸망시키지 않았다.

그러나 이 세상 사람들의 끊이지 않는 악행에 결국 지쳤는지 성경에는 숱한 기적을 베풀었다던 예수도 지금은 나 몰라라 하는 듯이 팔 벌리고 서 있는 형상으로 관망만 하고 있다. 그뿐만인가 자비를 베풀라던 석가도 더는 어찌할 줄 모르고 두 손 모아 눈감고 마음만 졸이고 앉아 있기만 할 뿐이다.

악과 타락을 상징하는 도시였던 소돔과 고모라는 신은 인간들에게 사랑과 자비를 가르치며 사람답게 살라고 하였건만 이 땅의 백성들과 노아 주위의 사람들처럼 하느님의 권능을 우습게 알고 모세 없는 광야의 이스라엘 사람같이 금송아지 대신 '돈(錢)'이라는 우상을 섬기며 광란에 빠져들었다.

인간에게 새로운 우상의 교주로 등장한 '돈'이라는 신은 사람에게 석가의 자비를 우롱하고, 예수의 사랑을 거역하라 가르치며 사탄의 교세를 확장해 간다.

예수의 기적은 봉사를 눈 뜨게 하고 문둥병을 고쳤는데, 현대의 교주인 '돈'은 사람의 얼굴을 뜯어고치게 하고 키를 잡아 늘이는 기적을 행하며 허영에 들뜬 사탄의 신도를 양산하기에까지 이르렀다.

'주 예수를 믿어라!'

그리하면 너와 네 집이 구원을 얻으리라' 라는 말이 성경에 나와 있건만 '돈' 나를 믿어라! 그러면 너와 네 집이 부귀와 사치를 얻으리라 탈선을 일삼아서라도 돈을 섬기라고 유혹의 손길을 해댄다.

성경에 예수는 길 잃은 한 마리 양을 찾아 나섰는데 사탄의 무리가 아비규환을 이루는 세상에서 예수는 길 잃은 어린양을 찾아 나서는 대신 나를 보고 찾아오라고 교회의 첨탑 꼭대기의 십자가에서 피 흘리는 것처럼 붉은빛을 흘리고 있다.

인간의 광기는 극에 달해서 이 세상을 구원하겠다고 메시아가 탄생한 날을 기회로 온갖 분탕질을 해댄다. 교회에서 아기 예수 탄생을 기념하는 마구간에 오색전구를 밝혀놓으니 유흥가에서는 이에 질세라 꼬마전구 및 오색전구로 불을 밝혀 불야성을 이룬다.

사마리아 여인 같은 아내가 출근길에 말했다.

당신 오늘 판공성사 보게끔 다른 길로 빠지지 말고 늦지 않게 귀가하라고 당부와 신신당부를 했다. 아내의 말에 내가 알았다고 재차 대답하는데도 못 믿는 투였다.

내 당신 뜻대로 하리다.

성경에 나오는 롯의 가족이 소돔과 고모라를 탈출할 때 뒤를 돌아보면 소금기둥이 된다고 하지 않았소? 나는 오늘 절대로 소금기둥이 되지 않을 터이니 안심하라는 말을 남기고 출근했다.

그런데 세상에 이러한 낭패가 있나?

아내가 일찍 귀가하라고 당부에 당부를 거듭했는데 오늘 저녁 회사에서 송년회를 한단다. 아침 출근길 아내에게 신신당부 받은 일 때문에 걱정인데 점점 시간이 흐르자 몸은 벌써 양분화 현상이 일어났다. 머릿속은 아내의 당부 때문에 어지러운데 뱃속은 이미 꼬르륵거리기 시작했고 목구멍은 점점 말라 타들어 갔다. 으레 해보는 소리지만 아내가 집에서 기다린다고 버티다가 로마 병정에 끌려서 골고다 산을 오르는 예수처럼 나는 동료들에게 끌려 술집 계단을 내려가고 있었다.

술집에는 오색 불빛이 명멸했고, 음악 소리는 천둥소리 같았다. 예수께서는 십자가에 못 박히실 때 입고 있던 옷을 로마 병정들이 나눠 가졌다는데, 무대 위의 무희는 어느 불우이웃에게 옷을 나눠줬는지 전라(全裸)의 몸짓으로 춤을 추고 있었는데 무대 밑의 군무(群舞)의 춤추는 모습이, 순간순간 번쩍이는 강한 금속성 조명에 실루엣으로 보이는 데 무대 위의 무희가 어서 이 지옥에서 건져달라고 아우성치는 것처럼 보였다.

　조명은 번갯불처럼 날카롭게 번쩍거렸고 음악 소리는 천둥소리 같았으며 춤추는 모습은 마치 절규하는 모습으로 보였다.

　지금 지하 술집에 갇힌 나의 처지가 하느님 말씀 안 듣고 도망 다니다 결국 고기 배 속에 갇힌 요나가 된 심정이었다.

　아내 말을 들었어야 했는데 뒤에서 불러도 고개를 돌리지를 말았어야 했는데 지금이라도 늦지 않았다고 돌아서서 나가야 하는데 몸은 이미 소금기둥 대신에 술 기둥이 되어버려 움직일 수가 없었다.

　주(主)여 내 잘못했나이다. 나를 용서하소서!
　내 당신을 구하며 간절히 부르나이다.

　主여!
　主女!
　酒女!

고뇌하는 아담

▬▬▬▬▬ 장마 중에도 땅 마를 날이 있는 것처럼 바쁜 농사일에 모처럼 시간이 나서 아내의 5일 장 나들이에 동행했다. 아내는 물건을 사기 위해 나섰다지만 목적은 따로 있었다. 각종 공과금 수납하고 보험회사 들러서 보험금 정산하려면 시간이 걸릴 것이라고 말했다. 그동안 나는 농약 가게에서 기다리기로 했다.

때는 봄이라 농약 가게는 모종 사러 온 사람과 농자재를 사러 온 사람들로 혼잡을 이뤄서, 농약 가게가 마주 보이는 장마당 좌판 앞으로 비켜서 있었다. 하필 휴대전화도 지참하지 않은 터라 그늘로 피하지도 못하고 농약 가게 쪽과 아내가 올 방향을 번갈아 주시하고 있는데 시장을 보러 나왔던 동네 형수님이 이렇게 한가할 때가 다 있느냐면서 혹시 마누라 생일 선물이라도 사기 위해 이곳에 서 있느냐고 물어 의아해서 매대를 돌아보니 여성용 내의 파는 가게 앞이었다.

형수님은 야한 것으로 선물하라며 신체의 가운데 부분만 있는 마네킹이 걸친 망사 내의를 가리켰다. 저런 옷도 있었냐며 항시 가을 억새같이 뻣뻣한 아내이다 보니 여태껏 그런 내의를 걸쳐본 적이 없어서 그런 것이 여성용 의류였다는 것을 오늘 처음 알았다고 능청스럽게 말하고 보니 차일 밑의 매대 위에는 각종 여성 의류가 수북하다.

꽃무늬가 그려진 원피스가 옷걸이에 걸려 바람에 흔들리는 것이 꽃나무 가지가 바람에 흔들리는 것 같았고 기능성 옷이라며 내의를 흔들어대자 향수 냄새인지 꽃향기 같은 냄새가 코를 자극했다. 꽃이 피고 꽃향기가 날리는 이곳이 오일장의 의류 동산이 아니라 마치 에덴동산 같은 생각이 들었다.

포장도 안 된 브래지어가 매대 위에 진열된 것이 보였다.

이기와 시인은 그것을 보고 공동묘지의 봉분이라고 시에 표현하는데 그 시를 연상하며 다리 모형만 거꾸로 세워 스타킹을 입힌 것을 보고 봉분 앞의 비석을 생각했다. 정리 안 된 망사스타킹이 뱀이 허물 벗은 것처럼 보였고 양말 무더기 틈새에는 꽃무늬가 새겨진 스타킹이 똬리를 틀고 있었다.

그리고 푸른빛이 도는 뱀 같은 스타킹이 내복 틈에서 혀를 날름대며 자꾸 뭐라 하는 것 같은데 어느 틈에 왔는지 아내가 이것 좀 받아 들라며 건네는데 사과가 한 개도 아니고 한 봉지나 되었다.

내복 틈의 푸른 뱀은 얼른 받아 들라며 혀를 날름대고 하와는 얼른 안 받고 뭐 하냐며 다그치는데 받을 수도 안 받을 수도 없는 에덴동산에서 그야말로 고뇌하는 아담이 되고 말았다.

야훼께서 너는 어찌해서 사과를 받았냐고 묻는다면 난 뭐라고 말해야 할까? 뱀과 하와가 받으라고 해서 받았다는 궁색한 변명을 해야 하나 참 난감하기에 그지없다.

누님의 십자가

어렸을 때 저녁나절이면 그 언덕에 십자가가 섰다.
골고다 언덕에 예수의 십자가 서 있듯 집 옆의 산모퉁이 고샅길에 누님이 매달린 십자가가 있다.

당시 우물이 없던 우리 집은 산 밑에 있는 샘물에서 물을 퍼다 먹었다. 해가 중천을 지나 서쪽으로 기운다 싶으면 누님은 양철 초롱을 지고 고샅길 언덕을 오르는 것이 예수가 십자가를 지고 골고다 언덕을 오르는 것처럼 힘겨워 보였다.

물이 가득 든 양철통을 팔 벌려 잡고 늘어진 머리카락처럼 고개를 떨군 모습이 십자가에 못 박혀 고통스러워하는 예수의 그 모습이었다. 예수가 짊어진 십자가의 고통이 죄지은 인간의 죄를 사하여주었다면 누님이 짊어진 십자가의 고통은 어린 우리 형제의 목마름을 사하여주었다.

이웃의 누나들은 호박잎만큼이나 넓고 하얀 카라를 받히는 교복을 입고 학교에 다녔다. 그들의 환한 미소가 눈부시게 부러웠을 때 누님이 진 물초롱에서 흘러내린 물이 흙에 튀어 바지가 뻣뻣하게 얼어붙은 모습이 보기 싫어 나도 모르게 고개를 돌렸다.

마치 베드로가 나는 예수를 모른다고 외면하듯이, 누님의 십자가를 보고 나도 베드로가 돼버렸는데 그것이 훗날 마음의 상처가 되어 아물지 않게 될 줄을 그때는 몰랐었다.

부활하신 예수가 손바닥의 못 자국을 제자들에게 보여 줬는데 나도 누님이 십자가에 매달려 고통스러워하던 동상 걸린 손을 보고서야 뒤늦게 철없었음을 후회하며 진정한 누님의 사도가 되었다.

예수 십자가의 못 박힘은 유다가 은전 삼십 냥에 예수를 판 것으로 시작되었다고 했다. 누님의 혼기가 다가왔을 때 없는 살림에 입 하나 덜어내듯이 부모님은 마치 은전 삼십 냥에 예수를 파는 유다의 심정으로 누님을 시집보냈다.

예수는 하늘로 승천하여 십자가의 고통을 덜었지만 누님은 결혼으로 인하여 십자가의 고통을 덜었다. 누님이 십자가를 지고 걸었던 내 추억 속의 골고다 언덕은 지금은 인적이 끊기다시피 하여 잡풀만 무성하다.

누님이 힘겹게 짊어졌던 십자가의 흔적도 없고 누님과 내가 살던 폐가를 마치 성지순례 온 성도처럼 한 바퀴 둘러보며 나름의 기도를 드렸다.

결혼으로 인하여 시댁에 오르사
자애로운 남편 그 오른편에 앉아계시며
그리로부터 시부모와 시댁 식구를 모시리라 믿나이다.
화목을 믿으며, 거룩하고 평화 된 가정과
모든 가족의 사랑을 믿으며
잘못의 사함과 육신의 행복을 믿으며
영원히 삶을 믿나이다.
아멘

-「사도신경」 중에서

대부(大父)

━━━━━ 나는 대부라는 소리를 곧잘 듣고는 한다.

그 대부는 강릉 유(劉)씨가 세를 이루고 사는 동네에서 항렬이 높기 때문에 불리는 호칭이지 프란시스 코플라 감독의 '대부(代父)'와는 거리가 있는 대부(大父)였다. 그리고 교회에서 말하는 종교적인 대부가 있는데 내가 말하고자 하는 것이 종교적인 대부다.

천주교회에서 영세 성사 받는 신자가 자기의 신앙심을 지켜주고 이끌어줄, 덕망 있는 사람을 선정하여 대부나 대모로 정하는 관례가 있다. 대부로 선정될 수 있는 사람은 신앙심이 깊고 덕망이 있으며 언행이 일치하는 신앙적인 관점에서 전혀 결격사유가 없는 사람만 선정된다.

천주교인이라면 누구나가 한 번쯤은 대부나 대모로 선정되는 것을 영광으로 생각하기도 했다. 영세 성사 때면 혹시나 누가 나를 대부로 선정해 주지 않을까 하는 기대도 해보았건만 내가 나를 돌아봤을 때 스스로 참 신앙인이었다고 생각했지 남들은 나를 참 신앙인으로 평가하지 않았을 것이라는 생각이 들었다. 그랬기에 영세 성사 때마다 한 사람이 두세 사람의 새로운 신자를 대부 서느라고 분주할 때 나는 그들의 등 뒤에서 박수만 쳐댔다.

어느 더운 여름날 밤 성당 회합실에서 회합을 갖는데 수녀님이 나를 찾았다. 내가 신자가 된 이래로 신부님이나 수녀님이 나를 찾았던 일이 한 번도 없었다. 아무래도 나도 모르는 내 신변에 무슨 일이 생긴 것만 같았다.

신부님이나 선생님 같은 분들은 구구절절 옳은 말과 행동을 하는 사람들이라 그런지 그들 앞에만 가면은 주눅이 들어 고개를 들지 못했다. 그래서 교회에 가더라도 멀찌감치 뒷자리에 앉고는 했다. 그런 나를 수녀님이 조급하게 찾는 것이 심상치 않았다.

관면혼배 증인 좀 서라고 한다.
관면혼배란? 결혼식을 치렀으되 종교적으로 치르지 않은 이들을 위하여 교회에서 약식으로 결혼 절차를 밟는 것을 말한다.

나한테도 이러한 영광이 올 때가 다 있구나!라며 옷차림을 보니 티셔츠

차림이라 혼배 당사자들한데 미안한 생각이 들었다. 미리 알았으면 철에 맞지 않는 춘추복의 양복이라도 입고 왔을 것이라 생각하며 본당 건물로 들어섰다.

드넓은 성당 안에 하객도 없이 한 구석에 앉아 있는 관면혼배 할 가족이 성당의 높은 천장 때문에 더욱 작게 보였다. 처음 뵙겠다며 오늘 혼인성사하는 두 분의 증인으로 온 사람이라고 인사를 나눴다. 떠듬대는 어눌한 말씨에 고개를 들고 보니 엊그제 공사판에서 시멘트 포대를 나르던 김 씨 아저씨와 순금이네 아줌마 같은 모습의 사람들이었다.

자매님은 고마운 것과 미안한 것을 구분 못 하고 혼동하는지 고맙다는 말보다도 미안하다는 말을 선뜻 끄집어냈다. 아저씨는 영등포시장에서 지게질한다며 글을 알지 못하니 도중에 글 읽는 것이 있으면 어떻게 하냐고 근심하는데 비린내가 약하게 풍겼다.

오늘 낮에 논에 농약을 준 내 손에서는 수세미로 문질러 닦았는데도 농약 냄새가 솔솔 났다. 비린내를 풍기는 사람과 농약 냄새 풍기는 사람이 어눌하게 나란히 앉았다. 수녀님이 다른 사람들 다 놔두고서 나를 찾은 이유를 이제야 알 것만 같았다.

관면혼배는 신부님의 시종일관 미소 띤 얼굴로 진행되었고, 나는 증인 본연의 임무보다도 혼배 당사자의 장난 심한 두 아들에게 신경을 써야만 했다. 녀석들이 잠시도 가만히 있지를 않아서 관면혼배 증인이고 나발이고 간에 이 두 녀석 장난 제지하는 것이 급선무였다.

그 후로 성당 미사 시간이면 그 부부를 찾느라고 두리번거렸고, 미사 끝난 후 장난 심했던 두 아들은 멀리서도 보고 뛰어와 넙죽 인사를 해댔다.

이 가족을 위해서 내가 할 수 있는 일이라고는 주님의 은총으로 이 가정이 화목하게 살아가게 해달라는 눈에 보이지 않는 무형의 기도가 전부였다.

쌀쌀한 가을날 그 가족에게서 연락이 왔다. 견진성사를 받는데 대부를 서달라는 부탁을 했다. 그 말을 듣고 기쁘기보다는 난감하기가 그지없었다. 대부서는 당사자가 영세 성사 받는 사람보다도 나이가 많아야 하는데 세례를 받는 사람이 대부보다 한창이나 연상이다.

지난해에는 세례를 받는 아이의 대부를 친구가 서려다가 나이 같은 사람끼리는 곤란하다는 말을 신부님에게서 듣는 것을 봤는데 나이 적은 사람이 대부라니 그때의 상황보다 더 심각하다, 나 같은 사람을 누가 대부를 서주겠냐고 하면서 간곡히 부탁하여 거절을 못 하고 이번만큼은 양복 차림으로 꽃 한 묶음 사 들고서 견진성사 미사에 참석했다.

내가 견진성사 받는 당사자보다도 나이가 적어서 자격은 제대로 갖추지 못했지만, 어찌 되었든 간에 나도 드디어 신앙인의 대부가 되는 영광스러운 순간이었다.

그 후로 교회에서 그 가족을 만나기라도 하면 나이 많은 그 분은 내가 대부라며 내 앞에서 다소곳했고, 두 아이한테 할아버지한테 인사 안 하냐고 호통을 쳐서 난감하기가 한두 번이 아니었다. 고촌 공소가 본당으로 승격되어 독립되어 나간 후로 그분들을 도통 만나보지를 못했다.

고추 말린 것을 한 자루 둘러메고 아내 따라서 시장으로 고춧가루를 내기 위해 가는데 방앗간 옆 노천 통닭집에서 귀에 익은 목소리가 들렸다. 내가 대부 섰던 형제님의 부인이라 인사를 하니 반색을 하신다.

지금 어떻게 사느냐고 안부를 물어보니, 남편이 허리를 다쳐서 일을 못 해 생활보호대상자로 근근이 살아간다고 했다. 몇 년 동안 보지 못했던 사이에 그러한 일이 있었던 것도 몰랐으니, 대부로서의 부끄러울 따름이었고 대부는 아무나 서는 것이 아님을 알았다.

대부 소리 듣기가 두려울 뿐인데, 시장통에서 물건을 사서 나오던 동네의 집안 어르신이 대부님 고춧가루 내리러 왔냐고 하는 말을 듣고는 나 스스로가 못된 놈이라는 생각이 들었다.

'계집 못된 것은 젖만 크고 사람 못된 것은 항렬만 높다' 라는 말이 생각 났기 때문이었다. 아무래도 신자(信者) 못돼먹은 것이 대부만 선 느낌이었다.

식사 기도

━━━━ 성당을 가려는데 전화벨이 울렸다.

동네 형님이 직불제 확인 서명을 받으러 오겠다는데 벌써 몇 사람째인 줄 모르겠다. 성당 미사 시간에 늦을 것 같고 한번 앉았다 하면 얘기가 길어질 것 같아 점심때 집으로 찾아갈 터이니 점심상이나 차려놓으라고 말했다.

미사가 끝나기를 기다린 것처럼 휴대폰이 울렸다.

점심 식기 전에 빨리 오란다.

밥 수저를 드는데, 형님이 성당 갔다 온 사람이 식사기도 좀 하라며 빙긋이 웃는다. 교회도 안 다니는 사람이 식사 기도를 종용하는 것이며, 빙그레 웃으면서 기도를 채근하는 것이 장난기와 짓궂음이 다분히 내포되어 있어 새삼스레 무슨 식사 기도냐며 그냥 식사하자고 해도 막무가내였다.

아마 미사가 다른 날보다 좀 늦은 데다 그날따라 재속 프란치스코 구역 모임을 하느라고 좀 늦은 것에 대한 불만의 표출 같았다. 형님이 식사 기도를 자꾸 종용하는 통에 주방에 있던 형수님과 손님까지 밥상에 앉히고 식사 기도를 시작했다.

"성부와 성자와 성령의 이름으로"
아멘!

하늘에 계신 하느님 아버지 이 세상에는 먹을 것이 있어도 입맛이 없어 못 먹는 사람들이 있고 입맛이 있어도 먹을 것이 없어서 못 먹는 사람들이 있습니다.

오늘 이 자리에 먹을 것과 입맛을 함께 내려주신 주님의 은총에 감사드립니다. 또 오늘 이 자리에 초청하여 주신 주인을 기억하여 주시옵고, 이 음식을 장만하신 주님의 여종에게도 은총 내려주시옵소서 아울러 이 음식의 재료를 이곳까지 오게 힘써주신 눈에 보이지 않는 분에게도 주님 함께 하여 주시옵고 채소와 곡식을 키워낸 농부의 수고도 기억하시옵고 싱싱한 회를 먹게끔 거친 바다의 풍랑 속에서도 고기를 낚아 올린 어부의 안전도 지켜주옵소서…

저와 마주 앉은 형님께서 워낙 술을 좋아하는데 사악한 술로부터 그의 건강을 지켜주시옵고 저에게 강제로 술을 권하는 그의 팔을 내치시어 술잔을 떨어트려 주시옵소서…

그리고 경건한 식사기도 시간에 실실 웃는 마주 앉은 형님의 얕은 신앙심을 책망하지 마옵시고 굳건한 믿음 주시어 다음부터는 함께 기도하게 하시며 경건한 저의 식사 기도가 길다고 속으로 불평하는 자를 용서하지 마옵시며 그들의 국그릇을 식히어 기름으로 엉겨 붙게 하시고 제 그릇만 따뜻하게 지켜주시옵소서…

"야! 듣자 듣자 하니까 너 기도야? 설교야? 악담이야?"
하느님 아버지 신성한 기도를 모욕하는 앞에 앉은 형님의 무지몽매함을 지극히 거룩하게 용서하시기를 바라는 마음으로 주님께서 가르친 기도로 식사 기도를 이어 나가려 합니다.

"하늘에 계신 우리 아버지 아버지의 이름이 거룩히 빛나시며 아버지의 나라가 오시며 아버지의 뜻이 하늘에서와 같이 땅에서도 이루어지소서. 오늘 저희에게 일용할 양식을 주시고 저희가 잘못한 일을 저희가 용서하오니 저희 죄를 용서하시고 저희를 유혹에 빠지지 말게 하시고 악에서 구하소서. 아멘!
이어서 성모송 은총이 가득하신 마리아 님! 기뻐하소서 주님께서 함께 계시니 여인 중에 복 되시며 태중의 아들 예수 또한 복되시나이다. 천주의 성모 마리아님 이제 우리 죽을 때 저희 죄인을 위하여 빌어주소서 아멘!
영광이 성부와 성자와 성령과 함께 영원히 아멘!"

"야 이 개 새꺄! 장난쳐?"라는 소리에 감고 기도하던 눈을 살짝 떠보니 숟갈을 불끈 쥐고 있는 것이 금방 날아올 기세다.

"밥을 먹다가 얹힐 수도 있어서, 가슴을 탁탁 치는데 아예 기도하면서 가슴을 치고 먹읍시다. 이것이야말로 일석이조로 고스톱판에서 일타 투피가 따로 없습니다. 하늘에 계신 하느님과 형제들에게 고백하오니 생각과 말과 행위로 많은 죄를 지었나이다.

내 탓이요! (가슴을 친다) 내 탓이요! (가슴을 친다) 내 큰 탓이로소이다.(가슴을 친다) 그러므로 평생…"

"야 이 쌍놈의 새꺄 개소리 집어치워!"

자기가 기도하라고 해서 성스럽게 기도를 드리는데 기도를 개소리라 한다.

"식사기도 마치는 의미로 성가 한 곡 부르겠습니다. 성가는 식사를 마주하고 있는 관계로 그것에 맞게 주의 빵을 서로 나누세' 로 하겠습니다."

"너 밥 처먹기 전에 뒈져볼래?"

그 점심 식사 때, 밥 한 그릇 다 먹은 사람은 나 혼자였고, 마주 앉은 형님은 씩씩대며 몇 수저 뜨다 말았고, 형수님과 손님은 웃느라 뒤집어져 그도 저도 못 먹었다.

명절을 맞아 그 형님 댁에서 떡국을 먹게 되었는데 마주 앉은 형님이 말했다.

"입 쩍도 하지 말고 처먹어"

"먹지 말라는 얘기지 어떻게 입을 쩍도 않고 먹을 수가 있어? 재주 좋으네"

"이 개 새꺄! 기도에 '기' 자도 꺼내지 말란 말이야!

기도 소리 나오는 순간에 이 떡국 주발 면상에 꽂힐 줄 알아!"

이번에도 내가 무슨 기도 한다는 말이나 꺼냈나?

　식사 때마다 왜 가만히 있는 기도는 먼젓번부터 들먹이면서 성질을 내고 그러나? 사람 성질 한번 더럽네 식사 기도 하지 말라고 해서 내가 안 할 사람이야?

　사실 하기는 했는데 속으로 기도했다.

어머니의 기도

▬▬▬▬▬ 하느님께서 어머니의 기도에 응답하셨다.

농사일이 끝나고 찬 바람이 불어올 즈음에 어머님이 기거하고 계신 집을 찾았다. 눈코 뜰 새 없이 바쁘다는 농사일로 핑계를 내세우며 한동안 찾아뵙지 못한 어머님에 대한 불효와 교통사고로 환자가 되어 누워있는 동생을 치료하느라 고생하시는 형님 내외분의 노고에서 동떨어져 있었었다는 죄책감마저 들었다.

저녁때쯤 집에 돌아가야 한다는 말을 쉽게 꺼내지를 못하고 그만 어머님 집에서 하룻밤을 묵었다. 새벽녘에 야뇨를 느껴 화장실을 가기 위해 컴컴한 거실 문을 여는데 거실의 어두운 고상(십자가) 밑에 허연 사람의 윤곽이 보였다. 아무 내색 없이 조용히 방으로 들어와 새벽을 기다렸다.

시간 늦은 아침을 먹는데 때늦은 아침이지만 어머니와의 겸상은 몇십 년 만인지 기억도 없다. 어머님께서는 나이 든 아들의 밥 먹는 수저 위에 김치 한줄기라도 더 얹어 놓으려고 하신다.

결국, 이 정겨운 풍경을 깨뜨리며 내가 먼저 입을 열었다.

"하느님한테 뭐 원하는 것이라도 있으세요?"라고 말을 건네니 어머니는 "이 늙은이가 하느님의 과분한 사랑 속에 10남매나 되는 애들을 하나도 잃지 않고 천수를 누리다시피 하여 오늘까지 왔는데 글쎄 너도 알다시피 막내가 교통사고를 당해 저 모양이 되었잖냐 나 살았을 때 저 자식 먼저 데려가 달라고 기도를 드렸단다"

"지금은 내가 살아있어서 너희 형제들이 들여다보고 치료도 한다지만 내가 죽기라도 한다면 그 후로 어느 자식이 들여다보기라도 한다더냐? 지금 무슨 욕심이 남아 있어서 하느님에게 청하는 기도를 드리겠느냐? 하느님께 원하옵건대 이 여종이 하느님 앞에 나아갈 때 저 자식을 제 앞에 먼저 세워주시어 아들의 뒷모습 보며 뒤따라 걷게 해 달라고 애원하며 단장의 기도를 한단다"

계절의 순환에 한겨울 추위가 밀려가고 양지쪽에서 파란 풀이 돋아나는 것을 보며 비닐하우스에서 일하던 중에 막내의 부음을 들었다.

막내아들의 죽음을 어머니에게 알리지도 않은 채로 형제들은 막내의 장례를 치렀다.

　막내가 죽었다는 큰일이 있었는데도 세상의 하루하루는 조용히 흘러갔으며, 어머니는 막내아들의 죽음을 몰랐는지? 순응하는 마음으로 막내아들의 죽음을 받아들였는지 집안마저 조용했고 쇠잔해질 대로 쇠잔해지신 어머니의 몸 안에서는 암세포가 자라고 있었지만 어머니는 오로지 당신의 죽음 앞에 막내아들을 세워야 한다는 일념 하나로 암의 고통을 인내하신 것이다. 현재로서의 수술은 오히려 환자에게 고통을 가할 뿐이라는 의사의 처방을 가족들은 겸허히 받아들이며 어머니의 임종을 지켜보기로 했다.

　병실은 긴장을 동반한 슬픔이 가득했지만 창밖으로 보이는 벌판은 옅은 초록으로 뒤덮이고 얕은 산등성이의 벚나무가 일제히 꽃망울을 터뜨렸다. 품앗이하느라 동네 분과 어울려 못자리하는데, 갑자기 울리는 전화벨 소리에 이어 아내의 울부짖는듯한 외침이 들렸다.

　"어머님이 돌아가실 것 같아!"
　벌판을 달려서 급히 뛰어든 병원은 나 혼자만 숨을 몰아쉬며 헐떡였고 의사나 병원 종사자 주위 사람들은 조용했으며 또한 엄숙했다.
　"산소호흡기 제거하세요"
　가라앉은 의사의 목소리가 심연에서 들리는 저승사자 목소리처럼 들리며 다리에서 힘이 빠져나갔다 논에서 뛰어오느라 흘렸던 땀과 눈물과 콧물 범벅이 된 얼굴을 주먹 쥔 손등으로 문지르며 화면을 들여다보니 어머니의 심전도 모니터는 이미 정지되어 있었다.

　눈물과 땀과 콧물이 함께 섞이어 뛰어오던 시각에 어머니는 이미 하느님 곁으로 가신 것이다. 아내는 울고 있고 10여 년 동안 식물인간이었던 동생을 간병하며 어머니를 모셨던 넷째 형님 내외는 장례 절차를 논의하기 위한 직원 호출로 잠깐 자리를 비운 사이 운명하셨다. 제대로 가르치지는 못했지만 삼 년 흉년에도 부잣집 곳간의 쌀 백 섬 지기 부럽지 않게 먹고 자란 자식들이 어머니 부음을 듣고 달려오건만 정작 그 시간에 어머니는 기도하며 앞서 간 자식을 쫓아 영혼의 발걸음을 옮기고 있었다.

"하느님! 감사합니다.
하느님께서는 미천한 여종의 기도에 귀 기울여주셨습니다.
이 미천한 여종은 살아가는 것에 급급하여 하느님 말씀에 귀를 모으지 못했을 텐데 그래도 여종의 창자가 끊어지는 기도를 들어주셨네요.
자식들하고 힘겹게 살아온 길이 어찌 가시밭길이고 돌밭 길이라 하겠습니까. 이 여종에게 봄날이고 꽃길이었을 것입니다.
하느님 자식을 앞세운 이 길이 아무리 좁고 험난하더라도 넓은 길이 오며 엉겅퀴와 가시나무가 깔린 길이라도 이 길 만큼은 죄 많은 여종에게는 꽃길이옵니다.
멀리 각지에서 황망히 달려온 유족이 어머니가 떠난 빈자리에서 울음소리를 토해냈다. 장례미사 드리는 성당 밖에서는 벚나무의 눈물 같은 꽃잎을 분분히 날려주시는 하느님께서는 마치 가시밭길만 걷던 여인의 마지막 길을 배웅이라도 하듯이…
벚꽃을 환하게 뿌려 꽃길을 깔아놓으셨다.

요한복음 40장 35절
–물 같은 인간들

한동안 엄친아라는 말이 많이 회자되던 시절이 있었다.

말을 줄여 말하자면 아친남 아내 친구의 남편이라는 말도 없으란 법은 없을 것이다. 아내가 아친남 이라는 말을 대놓고 사용하지는 않았지만 생활 중에 가령 늦은 귀가에 눈치 없이 과음했을 때라던가 아니면 직장 없이 공사판이나 일용직을 전전하는 나의 귓구멍에 대고 친구 남편의 추석 상여금 타령을 하는 말을 듣노라면 아내 말 중에 아친남이란 표현이 다분히 포함되어 있음을 알 수 있었다.

또 다른 친구의 남편은 점잖은 것이 넘쳐 얌전하기까지 한데다 한 수 더 떠서 신앙생활까지 착실하여 천당 가는 데에는 전혀 결격사유가 없다는 듯이 말하는 소리를 들으며 아내가 아친남 이라는 말을 에둘러 표현하는 것이라 여겼다.

신앙생활을 영위하며 살지 못하는 내가 더 듣다가는 지옥 갈 사람은 고독하게 나 혼자 갈 것이라는 말이 나올 것 같아 시장에서 사 온 떡이나 먹으라며 입을 막아버렸다.

그런데 아내의 말처럼 절도범도 친구가 있어 공범이 있듯이 나에게도 어울리는 친구가 있다. 술을 좋아하는 관계로 아내가 생각하는 아친남 반열에 들지는 못했지만 나의 절친 반열에는 등재된 친구다.

취미가 같은 데다 세상의 이재로부터 밝지 못하다 보니 아내로부터 '물 같은 인간들' 이란 칭호를 동시에 부여받았지만 '물' 이란 단어가 풍기는 뉘앙스가 세상 돌아가는 것에 적응하지 못하고 뒤떨어진 듯한 느낌이 들어서 나름 '미네랄 워터' 라고 작명하고 보니 '미네랄 워터' 란 영 그럴듯한 이름이 썩 그럴듯하게 들리지를 않지만 열반한 스님이 설법하신 '산은 산이요 물은 물이로다' 라는 말이 생각나서 물이면 어떻고 고인 물이면 어떠랴 생각하며 '물' 이라는 호칭에 관대하게 대처하기로 했다.

그런데 나와 같이 '물' 이란 반열에 오른 친구의 어머니로부터 어제부터 아들이 연락이 안 된다는 걱정스러운 전화가 왔다. 평소 그러한 일로 전화를 할 어머니도 아닐뿐더러 그렇게 무책임한 친구가 아니었지만 걱정하는 마음으로 친구를 수배하기에 나섰다.

저녁 무렵에야 힘들게 통화한 친구는 아차! 하며 어제저녁은 당직 근무를 섰고 아침에는 전화기를 충전기에 꽂아놓은 상태를 잊고 방금까지 낮 근무릎 하느라 어머니에게 전화 통화하는 것을 깜박 잊었단다. 근심스러워하는 친구와 동행하여 어머니가 계시는 친구의 집을 찾아들었다.

어머니께서는 방안에서 약간의 노기와 걱정이 섞인 훈계를 하시는데, 드라마에서나 본 듯한 수렴청정하는 대왕대비의 모습이었고 거실에서 무릎 꿇고 경청하는 친구가 왕세자로 보였으며 나 또한 왕세자 훈육을 담당하는 서연관으로서의 본분을 다하지 못한 죄를 통감하며 대비 궁의 병풍 뒤 구석에서 머리를 조아리고 있었다.

거실 한구석에 있는 컴퓨터 밑에 끼어 앉은 채로 칠십 바라보는 나이의 아들이 늙으신 어머니의 품위 있고 격조 높은 훈계를 듣는 성스러운 모습을 숨죽이고 지켜보고 있었다. 언젠가 친구에게 '하늘에서 내린 효자'라는 별칭을 지어주었던 일이 결코 잘못된 일이 아니었음을 알았다.

그 후로 효자 친구와 술을 나누던 읍내 사는 친구가 취중에 효자 친구의 집을 방문하겠다는 말을 들은 효자 친구는 화들짝 놀랐다. 읍내 사는 친구의 하는 행동이 예측불허인 관계로 럭비공 같다는 소리를 듣는데 그 친구가 더군다나 취중에 대왕대비전을 찾아간다는 소리에 나까지 적잖이 불안하여 좌불안석하며, 섶을 지고 불 속으로 뛰어드는 럭비공 같은 친구를 걱정했는데, 결국 일이 터지고 말았다.

초인종 소리도 없이 시커먼 옷차림의 럭비공 같은 친구가 성큼성큼 들어오더니만 대뜸 집안의 십자가 밑에 꿇고 엎드려 기도하는지 한참을 웅얼웅얼 하더니만

'요한복음 40장 35절'을 외치고서 무엇에 홀린 사람처럼 말없이 문밖으로 나가더란다. 불현듯 들이닥쳤다가 홀연히 나가버린 친구의 어이없는 행동이 있은 지 며칠 만에 효자 친구를 만나서 자초지종을 듣고 물어보았다.

"럭비공 같은 친구가 중얼거렸던 '요한복음 40장 35절'이 성경에 있기는 한 거야?"

"모르지 불경을 중얼거리다가 요한복음을 끌어다 붙인 것인지도"

"그 친구가 너희 집에 갔던 것은 기억이나 하는지 모르겠다."라며 내가 말했다.

조선 시대 때 삼남 지방에 살던 사람이 한양을 구경하고 싶었는데 한양이 무섭다는 소리는 듣고 아예 안성서부터 기어 왔다는 말처럼 럭비공 같은 친구도 친구의 집 분위기는 이미 들어 알았기에 아예 알아서 긴 모양이다.

그 일이 있고 난 후 나이 90이 넘으신 친구의 어머니는 아들의 많은 친구 중에서도 유일하게 '요한복음 40장 35절'의 친구를 기억하며 요즘 그 친구 잘 지내냐며 웃으셨다는데, 아들도 못 웃기던 어머니를 술에 취해 미친 짓 하던 녀석이 웃겼다고 효자 친구가 말했다.

창세기 18장 23절~33절

━━━━ 가을이 되면 아랫마을 감나무에는 외등이 켜진다.

노란 외등은 햇빛 아래서도 환했다. 그 반면 우리 감나무에는 집안 깊숙한 골방의 알전구처럼 짙은 잎사귀 속에서 한두 개의 감이 노랗게 보일 뿐이다. 감나무가 해거리하기 때문이라지만 어느 해도 노랗게 익은 감이 변변히 매달려있는 것을 보지 못했다. 화려한 꽃도 피지 않는 나무를 가을에 감접이나 따겠다고 두고 본 것인데 가을이면 감 대신 잎사귀만 바닥에 질펀하게 깔아놓기 일쑤였다.

봄을 맞아 감나무에 새순이 돋는 것보다도 먼저 밑둥치부터 곰팡이가 들기 시작하더니 새순에는 벌레까지 끼었다.

올해도 제대로 된 감 구경하기가 쉬울 것 같지 않아 베어버려야겠다는 생각이 감나무 잎 자라는 것처럼 스멀스멀 자라났다.

어느 봄날에 감나무 잎이 수런거렸다.

"주인이시여 이 감나무에 감이 오십 개만 달려도 베어버리시렵니까? 오십 개의 감을 봐서라도 베어버리지 않을 겁니까?"

"내가 오십 개의 감을 봐서라도 베어내지 않겠다."

한줄기의 바람에 감나무 잎이 바들거리며 물었다.

"티끌이나 재만도 못한 주제에 감히 아룁니다. 오십 개의 감에서 다섯이 모자란다면 그 다섯 때문에 이 감나무를 베어낼 것입니까?"

내가 말했다.

"그 나무에 사십오 개의 감만 달려 있어도 베어버리지 않겠다."

감나무는 그래도 맘이 놓이지 않는지 또다시 물었다.

"사십 개의 감밖에 없다면 어떻게 하시겠습니까?"

내가 대답했다.

"사십 개의 감을 봐서라도 못 베어버리겠다."

어느 비 오는 날 감꽃이 우수수 떨어졌다. 감나무 잎이 눈물 같은 빗물을 흘리며 애원했다.

"주인이시여 노여워 마십시오. 다시 말씀드리겠습니다. 감이 삼십 개 밖에 매어 달리지 않았다면 어떻게 하시겠습니까?"

감이 삼십 개만 있어도 내가 베어내지 않겠다고 말했다.

가을이 되어 무른 감이 몇 개 떨어지자 감나무 잎이 새파랗게 질려서 잎을 떨며 말했다.

"죄송하오나, 다시 말씀드리겠습니다.

만일 감이 이십 개밖에 안 된다면 어떻게 하시겠습니까?"

내가 말했다.

"이십 개의 감을 보아서라도 벌목하지 않겠다."

감에 붉은빛이 돌 때쯤에 이르러 감나무가 잎을 떨구며 말했다.

"주인이시여 노여워 마십시오 한 번만 더 말씀드리겠습니다.

만일 열 개의 감 밖에 안 되어도 이 나무를 그냥 두시렵니까?"

내가 대답했다.

"열 개의 감을 봐서라도 그냥 두겠다."

말을 마치고 감이 익으면 따서 담으려고 바구니를 찾으러 자리를 떴다.

몇 해 전 한해는 성경책을 보지 않고도 감나무 한 그루에서 창세기 18장 23절에서 33절까지를 보았다.

아브라함이 조카 롯을 살리기 위해 그렇게 보호하려 했던 소돔과 고모라 땅이 불의 심판을 받고 멸망했는데, 감나무가 살려고 그렇게 애걸했던 김포 걸포동 동네는 아파트단지가 조성되는 통에 굴착기에 밀려 동네가 싹쓸이를 당했다.

감나무는 어딘가로 이식되기 위해서 누군가가 파갔는데 새로운 땅에 적응 못 하고 먼저 살던 곳의 흙을 찾는다면 제대로 살아가지 못할 것이다.

롯의 아내가 소돔과 고모라를 못 잊어 뒤를 돌아보아 소금기둥이 되었듯이…

홍해가 갈라지다

걸포리에서 샘재 가는 2차선 도로 옆에 우리 부추밭이 있다.

벌판을 가로지른 도로인데 농기계는 보이지 않고 차들만 어디서 오고 어느 곳으로 가는지 온종일 분주하다. 신호등이 없다 보니 속도를 내며 달리는 차를 시선으로 쫓아가지 못할 때도 있다.

어느 날 부추 작업을 하면서 보니 신호등도 없는 길에 오는 차 가는 차가 멈춰 서 있다. 사고가 난 것 같아 밭두렁까지 나가서 내려다보았다.

"세상에나!"

부화한 지 얼마 되지도 않았을 새끼 오리 네 마리가 어미 오리 뒤를 쫒아 도로를 횡단 중이다. 오리가 길을 건너는 도로는 자동차가 양쪽으로 갈라져 벽을 이루고 있고 그 옛날 예수가 태어나기 훨씬 전에 유대민족이 이집트를 탈출할 때도 홍해가 저렇게 자동차가 갈라진 것처럼 갈라졌다고 했다.

마음이 급한 어미 오리의 물갈퀴 달린 발은 허공을 휘젓기도 하고 얼마나 똥끝이 탔으면 엉덩이를 저리 흔들겠나 노예 생활을 하던 이스라엘 민족을 이끌고 홍해를 건너던 모세 할아버지도 저렇게 똥끝이 탔었겠다.

저 푸른 초원 위에

내 글을 읽고 소나 개나 웃는다는데
괜찮아요
나는 사람을 웃기는 글을 쓰잖아요

6부_

가문

━━━━━ 강서 농산물시장이 여름 채소밭만큼이나 푸르다.

전국 각지에서 모여든 채소가 싱싱한 자태를 드러내놓고 있다. 열무 얼갈이 파 미나리 등 여러 가지 채소 옆으로 배추 부추 상추 영양 부추가 보인다.

'추' 자로 이름이 끝나는 채소가 섞이기를 거부하여서인지 '추' 자로 이름이 끝나는 채소끼리 집성촌을 이루고 있다. 그 '추' 자 집성촌에 소속감을 두고 싶어서 인지 한 치 건너 고추가 기웃거린다. 고추도 '추' 자로 이름이 끝나지만 같은 채소 종류라 본(本)은 같을지언정 엽경 채소류가 아닌 조미 채소

류라는 엄연히 파(派)가 다르다며 배척을 당한다.

　팔레트에 적재된 상태로 하역된 바나나 파인애플 자몽이 수입산이라서 같은 과일로 섞이기를 거부한 사과와 배 감 같은 토종 과일에 배척을 당한다. 수입 과일은 지금은 지구촌 글로벌 패밀리 시대라고 항변하며 상인에게 색깔로 추파를 보내며 선매를 유도한다.

　경매시장에 채소를 출하하고 아내의 부탁이 있어 수협 경매장을 들르니 푸성귀 냄새가 아닌 비린내가 물씬 풍긴다. 눈을 뜨고 죽은 생선을 보면 죽은 것과 산 것의 눈 가리기가 쉽지 않다. 생선가게마다 원산지표시를 해놓은 것을 보고 사람의 무리가 아닌 생선의 무리에서 세계화를 보았다. 채소경매장에서 이름으로나마 집성촌을 보았는데, 생선 매장에서는 이름만으로의 집성촌 화가 더 심했다.

　이름으로만 보자면 민어·숭어·농어·홍어·고등어·광어·청어 등 '어'자로 이름이 끝나는 어(魚) 씨가(氏家)의 집성촌과 갈치·꽁치·삼치·준치·넙치 등의 이름으로 치 씨가(氏家) 가문을 크게 일으켜 어 씨가와 가계(家係)의 양대 산맥을 이루고 있다. 그 사이에 가자미·도루묵·정어리·아구 등의 각성 받이들이 숨죽이고 끼어있는 것이 보였다.

　채소경매장의 고추처럼 한치가 이름으로 인하여 '치'씨 가문에 입적하고자 기웃거리다가 뼈대 없는 상것이 가문을 농락한다며 서슬이 시퍼런 것처럼 등줄기 시퍼런 '치'씨 식솔들에 멍석말이를 당했는지 납작하게 말린 채로 건어물 가게에 축으로 개켜있다. 그 옆에는 '어'씨가의 패거리에게 멍석말이를 당한 것처럼 오징어 문어도 납작 엎드려 묶여 있다.

　눈치 빠른 문어의 사촌쯤 되는 낙지란 놈은 처세술만큼은 그만이라 뼈

없이 흐물거리며 뼈 있는 생선보다 더 세게 함지박에 붙어 다리를 뻗는다.

생긴 모양으로만 본다면 오징어 문어 낙지 주꾸미 꼴뚜기 한치만으로도 한 종족의 가계를 이룰 수도 있으련만 가문에 뼈대가 없는 것들이라 그런지 일치하는 힘을 보이지 못하고 이합집산을 이룬다.

가문과 명예를 중시하는 우리나라 사람들처럼 뼈대 있는 생선이 뼈대 없는 생선을 하대하고 수입산을 상것이라 경멸하는 기개만큼은 살아있어서 생선이 죽어서도 눈을 감지 못하고 어느 것은 단단히 얼린 채로나마 뻣뻣하게 체통을 지킨다.

많은 외국인이 우리나라에 이주해 살고 있다.

단일민족에 다민족이 잠식해 들어와서 먼 훗날에는 단일민족의 정체성이 사라진다고 걱정하는 사람도 있지만 우리 식탁에 원산지가 외국 농수산물로 조리된 음식이 자연스레 차려지듯이 외국인에 대한 염려는 과도기적인 기우일 뿐 시일이 지나면 자연스레 받아들이거나 흡수될 것이다.

농수산물 시장에서 수입 농수산물이 국내산과 동등하게 경매에 올려지듯이…

가을 농사

햇빛은 환한데 햇볕은 전과 같지 않고 힘을 잃어가는 것만 같다. 해가 점심나절 한때나마 용을 쓰는지 그 시간만큼은 잠시나마 목덜미가 따갑다.

아침저녁의 해 길이를 느끼지 못하겠는데, 시간에 맞춰보니 한결 짧아졌다. 한 여름내 진녹색 산 너머에서 오지도 않을 것 같은 가을이 햇 바람을 앞세우더니만 앞산에 누릇누릇 단풍이 드는가 싶을 때는 이미 소리 없이 찾아온 뒤였다는데 소리 없이 찾아온 가을은 밭고랑도 타고 넘고 들판에도 내려앉았다.

그렇게 가을은 소리 없이 찾아왔다지만 가을과 함께 찾아온 가을 농촌 일은 소나기처럼 들이닥쳐 어느 일에 먼저 손을 대야 할지 모르겠다.
　일찍 손을 못 대다 보니 들깨는 징징거리며 낫질할 적마다 쏟아지겠다고 앙탈을 부려서 여간 조심하지 않으면 헛농사를 지을 판이다. 밭두렁 묵히는 것이 아까워서 녹두 좀 부쳤더니 풀 속에서 주인 손 기다리느라고 새까맣게 타더니만 그만 제 성질에 못 이겨서 배배 꼬투리 틀고서 배를 갈라 알갱이를 쏟아버렸다.
　여름내 가꾼 곡식은 가을을 맞아 저 먼저 손(手) 달라고 아우성치는데 아내는 도토리 주으러 가자며 산으로 잡아끈다. 대추나무의 열매는 기나긴 날 사람 손 기다리며 속 노랗게 태우며 근심 섞인 주름살만 생기는데 애간장 태운 그 속도 모르고 사람들은 대추품질 좋다 한다.

　또 배(梨)란 년은 주인속도 모르고 백치같이 허옇게 살만 찌더니 적삼 밀쳐내고 젖가슴 드러내듯이 봉지 비집고 나오더니만 시집보내 달라 조른다. 신랑(물건을 살 사람)이 있어야 시집을 보내든가 말든가 할 것 아닌가 농산물 팔아먹기도 힘든 세상이 된 것이다.
　그래도 한 가지 위안이 된다면 논에 고개 숙인 벼의 행색을 보노라니 나는 괜찮으니 다른 농산물 먼저 거둬들이라고 말하는 것 같아 곡식 중의 맏형 값을 하는 것으로 생각되어 다소나마 한시름 놓았다.
　이 바쁜 가을에 벼처럼 속이라도 있는 곡식이 몇 개만 더 있어도 좋겠다.
　울타리에 매달린 여주라는 녀석은 가뜩이나 심술 있게 생긴 형색이라 성질 좀 있겠구나! 했는데 저밖에 모르는 녀석이라 어느 날 기웃하고 보니, 밑에 것 벌겋게 벌리고서 난산을 해버렸다.

성질 맵고 더럽기는 고추라는 녀석도 한몫하는지라 붉은 고추 다 따서 팔더니 푸른 고추는 고추 아니냐며 서리 오기 전에 어서 따서 거둬달라고 맵기 품고 노려보는데 입안이 다 얼얼했다.

논두렁에 심어놓은 콩은 콩깍지 속에서 몸 말아 들고서 지나가는 바람결에도 참지 못하고 조바심 내며 안달하고 있었다.

수수 몇 자루 심었던 것은 바람에 큰 키 내맡기고 흔들거리며 내 차례는 언제라우~ 하고 길게 말은 끌지만 키 큰 놈들 싱겁다는 말은 이제 옛말이라 날이 갈수록 수숫대에 핏빛 가득 안고 한을 품고 서 있다.

김장배추에 물이 올라서 육덕은 제법 커지는데 제 몸 하나 건사 못하고 겉에 두른 겉잎 자락 칠러덕 펄러덕하며 속살 내비치는데 그것 챙겨 매주어 속 단속시켜야 한겨울에 속 밴 놈 덕 좀 볼 것 아니겠는가?

서리가 제법 내린다는데 무밭에 비닐이라도 덮어주어야 배추와 짝 맞춰서 김장할 것 아닌가 이 가을에 내가 뿌리고 가꾼 곡식과 채소 중에서 뿌리 덕 좀 볼 놈은 무 그놈인데 무가 뿌릿값 좀 하려는지 도통 재촉하지 않는 것이 신통방통해서 바쁜 일손에 고맙기만 했다.

콩 뛰듯 팥 뛰듯 하는 일 덕에 가을의 끝자락으로 갈수록 들판은 텅 비어가며 억새꽃만 바람에 나부끼는 텅 빈 들판에서 억새꽃을 바라보니 억새 머리를 한 어머님이 생각났다.

올해 내가 가꾼 채소와 곡식의 가짓수만큼이나 할 정도의 십 남매 자식 농사를 다 지으시고, 지금은 텅 빈 집에서 아무도 찾지 않는 들판의 허수아비처럼 계신 어머님이시다.

십 남매 자식을 키우는 것이 어찌 가을날 열 가지 곡식 거두는 것에 비유하겠는가? 어머니의 자식 중에서 행여 내가 들깨나 콩 같은 앙탈을 부리며 어머니의 마음을 아프게나 하지는 않았는지 모르겠다.

  내가 지금 이렇게라도 속이 찬 낱알이 된 것은 모든 것을 묵묵히 참고 희생하신 어머니의 농부 같은 노력이 없었던들 가능하기나 했겠는가.
  하루속히 찾아뵙고 한겨울 곡간의 곡식 자루 같은 뿌듯함을 안겨 드려야겠다.

농사 상담사 정란희 씨

▰▰▰ 내가 그 학생을 처음 봤을 때가 아마 이십 대 중반쯤이었을 것이다. 변변한 직장도 없이 공사장 막일과 농촌 품앗이 일을 전전할 때였다. 농촌 일이란 것도 계절에 따라 다른데 봄이라 비닐하우스 안의 통배추를 작업하여 트럭에 상차하는 일을 하였다. 그때의 작업장에서 처음으로 그 여중생을 보았다.

봄배추 수확 시기를 맞아 집안일 도우려고 학교를 결석한 학생인 줄 알고 효녀 심청이가 구전으로만 존재치 않고 현존하는 것으로 생각했다. 태풍에 견줄만한 봄바람이 불었다. 비닐이 찢기고 너풀대는 비닐 쪼가리에 얻어

맞은 배추는 진녹색으로 상처가 생겨 상품 가치가 없어져서 수확을 포기해야 할 판이었다.

강한 바람에 찢어진 비닐의 펄럭이는 소리로 들판이 소란한데 밭두렁에 가냘프게 핀 제비꽃처럼 그 여학생이 바람에 단발머리를 날리며 피해 조사를 나왔는데 밭에서 찢어진 비닐을 정리하던 아주머니가 궁금해하던 나에게 말했다. 학생이 아니고 읍사무소 직원이라고…

공사장을 찾아다니며 일을 하다가 몇 년 만에 임대 농사를 짓기 위해 농촌에 정착하고 보니 무 배춧값의 폭락으로 벌판을 하얗게 덮었던 그 많던 비닐하우스 시설은 이미 없어진 뒤였다. 부추 농사와 달래 농사를 지어 봤지만 농사 기술이 일천하여 거듭 실패를 보았다. 거듭된 농사 실패로 상담을 위해서 찾아간 면사무소 옆의 농사상담실에서 여학생으로 착각했던 학생을 어른이 된 후에 대면했다.

마을 아주머니한테 들었던 대로 읍사무소 농림직 직원으로 알고 있었는데, 읍사무소의 농림직 주사도 아니었고 농업 기술센터 상담직 상담사라는 것도 그때 처음 알았다. 그사이 명칭도 〈농촌 지도소〉에서 〈농업 기술센터〉로 바뀌어 있었다.

예전에 들었던 말대로 읍사무소 직원인 주사도 아닌 농업 기술센터의 〈선생님〉으로 불리고 있었다. 이제는 학생이 아닌 선생님 앞에서 내릴 것도 없는 꼬리를 바짝 내리고 농사 상담을 받으며 과거 벌판에서의 할아버지가 학생이라는 착각이 들 정도의 젊은이에게 하대를 안 했던 이유를 인제야 알았다.

농업 기술센터의 상담사들은 김포의 최전선 농촌에서 선도농업의 영농 기술 지도와 상담을 병행하며 농민들과 함께 푸른 농촌을 만들고 있었다.

나 또한 농민으로서 엽채류와 과채류를 넘나드는 농사일로 푸르디푸른 가정을 이루며 살았다.

태어난 곳이 농촌이었고 어려서부터 시작한 일이 농사일이었으며 관행농 전업농을 거쳐 나이 칠십까지 로컬푸드 농사를 짓다 보니 내 저변에는 녹색 물이 퍼렇게 깔려있다시피 했다.

젊었을 때 배추밭에서 학생으로 착각할 정도의 정란희 상담사도 영농 교육장과 농부의 영농장을 누비면서 몸에 녹색 물이 들 정도의 긴 세월을 농민과 함께했으니 지금쯤은 내근직으로 보직 전환되었는지도 모르겠다.

농사를 지으면서 작물이 내가 모르는 병해충에 시달릴 때나 작물의 상태가 궁금할 때 전화하면 애니메이션 〈짱가〉의 노래 가사처럼 '어디선가 누구에게 무슨 일이라도 생기면' 나타나던 농사 상담사 정란희 씨(아니, 혼나기 전에 선생님이라고 해야지) 그는 오랜 시간 시공을 초월해서 농민들과 함께하느라 〈김포 배추 작목반〉에서 해남 배추의 주산지 견학에도 함께 했고 김포 서부지역의 고추 농가를 대동하고 밤늦은 경매 시간에 맞춰 '강서 농산물 경매 시장에서의 경매 상황과 낙찰로 형성되는 가격을 보여주기 위해 농민들과 함께 시장을 둘러보는 것을 경매 시장에 농산물 출하를 위해 찾았다가 목격하기도 했다.

이렇게 농사계통에 종사하는 공무원들의 노력에도 불구하고 이제는 농사가 농민들마저 기피하는 사양 업종이 되어서 방치된 비닐하우스도 눈에 띄었고, 잇속을 계산하는 매립으로 양질의 옥토를 질식사시키고 있다. 질식사시킨 그 땅 위에다 창고나 공장 건물을 올리면서 사철 땀 흘리며 농사짓던 주위의 농부는 이미 농부가 아닌 건물주가 되어있기도 했다.

우리 옛시조에 '산천은 의구하되 인걸은 간데없네' 라는 구절이 있다. 그 구절을 요즘 세태에 맞춰서 '농촌은 의구하되 농민은 간데없네'를 밭두렁에서 음미하고 섰는데 농업 기술센터 현장 지도 요원의 작은 차가 폴폴 거리며 벌판 건너 옥수수밭 옆을 지나가고 있는 것이 보였다.

정란희 선생도 우리 오이밭에서 병해충에 관한 상담을 위해서 저렇게 농로를 타고 올 때가 있었는데 아마 지금쯤은 오랜 연륜으로 봐서 농업기술센터의 소장이 되어 정년을 바라보고 있을지도 모르겠다.

농사꾼

======= 전하! 소인 전하 한번 알현하고자 이 염천에 밭두렁에서 석고대죄하듯 엎드려 있사오니 부디 굽어살펴 주옵소서.

　소인 삼정승 품계의 으뜸인 정일품은커녕 종9품의 계열에도 못 들다 보니, 육조의 말석 하나 앉아보지 못하고 저잣거리나 배회하다 낙향하여 천인이라 칭할 수 있는 농사꾼 되어 근근이 입에 풀칠이나 겨우 하며 연명하고 있나이다.

　무관도 큰 공 없으면 전하 용안 뵙기가 어렵다고 하는 세상에 농사꾼이 감히 전하 뵙기를 청하며 사철 땀 흘리고 공을 쌓고 있나이다.

곡식을 심어 가꾸면서 잡풀이라도 돋아날라치면 당쟁에서 노론이 소론 배척하듯이 뿌리째 뽑아 주리 틀듯하여 밭두렁 밖으로 유배시키고 후환을 생각하여 농약 통지고 쫓아가 사약을 내렸나이다. 어느 풀이라도 웃자라서 고개라도 쳐드는 놈 있으면 망나니 칼 휘두르듯 참수시키고 허리 숙여 바닥으로 은밀히 기는 놈이라도 보이면 제초제로 아예 멸문지화 시켰나이다. 우악스럽게 자라난 풀은 베어서 훗날을 도모하기 위하여 두엄더미 위에다 위리안치시키기까지 하였나이다.

하느님 저의 잔인함을 책망하지 마옵시고 전하를 알현하고자 하는 충신의 충직한 마음으로 헤아리시어 적기에 비를 뿌려 주옵시고 해를 쬐어 주소서, 농사는 하늘이 지어준다 하시지 않았나이까.
하늘의 도우심과 나의 지성으로 몇 년 만의 대풍이라, 반정에 성공한 공신처럼 금관조복 차려입고 전하를 알현하고자 하옵니다. 쌀값 하락과 올해 갚기로 한 영농자금의 원금 제하고 일 년 동안 외상 구매한 영농자재와 농약값 제하니 손에 달랑 두 정승만 남았나이다.
율곡 대감 퇴계 대감 두 대감이 어이 나의 앞길을 막는단 말이오.
전하를 알현해야만 할 정도로 사정이 급박 하오이다. 삼 년 만기 대출금 상환 독촉장이 칼이 되어 시퍼렇게 날아오는데 그것 막지 못한다면 나야말로 멸문지화 당하게 생겼소이다.

세종 전하 구중궁궐(금고)에만 계시지 마시옵고
이 소인에게도 용안 한번 보여주시옵소서
전하 부디 통촉하여 주시옵소서!

농사 유감

초등학교 담임선생님이 학생들 장래 희망을 물을 때 농사꾼이라고 대답했던 적이 있었다. 오십여 년이 지난 현재 농업에 종사하고 있으니 본의 아니긴 해도 장래 희망이 이뤄지기는 한 것이다.

벼농사만 사십여 년 경작하다 보니 쌀값 하락과 농자재값 인상으로 생활에 궁핍함마저 생겼다. 이농하려고 해도 풀빵 장사나마 할 주변머리조차 없는 위인이라 탈 농사도 못 하고 벼농사를 대체할 작물을 선택하기로 마음을 잡았다. 몇 날 며칠을 대체 작물을 구상했지만 마땅하게 선택할 작물이 떠오르지를 않았다.

지인을 통하여 들은 바가 있어 부추를 대체 작물로 선정하여 심었는데 집 뒤의 밭에서는 개인택시 운행하는 아저씨가 그 넓은 밭에 배추를 심어놓았다. 작년 배추 한 포기 값이 사천 원 이상 올랐기 때문에 배추를 선정해 심었다고 했다.

교회 다니는 형님은 농지 매립한 곳에 공한지 세금이 부과될 것 같아서 작물을 심는다며 고추를 심었다. 가까이서 비닐하우스 농사를 짓는 정삼영 씨는 오이를 재배하다가 상추를 키웠다가 부추로 작목전환을 했다.

어느 날부터 작물이 시퍼렇게 자라더니 내가 심어놓은 영양 부추 잎끝이 허옇게 타들어 가기 시작했다. 매립한 땅이라 토양 성분을 제대로 파악 못 한 것이 잘못이었다. 이름은 영양 부추인데 영양 부추에 영양이 제대로 공급이 안 되는 것 같더니 결국은 수확을 못 하고 모조리 베어버렸다.

개인택시 아저씨는 화학비료를 멀리하고 퇴비로 대체한다며 돈 분을 잔뜩 깔고 배추를 심었던 것이 과다한 영양공급으로 배춧속이 거의 다 타버려서 천여 포기의 배추를 폐기 처분하다시피 했다.

성당을 다니는 형님은 친환경 농사짓는답시고 농약 대신 EM이라는 것을 사다가 연신 뿌려대어 고춧대가 우악스럽게 자라고 고추가 탐스럽게 매어달렸다. 부추와 배추를 심었던 우리 두 사람은 울상인데 형님만 득의만만하게 미소 지었는데 고추 심은 이유가 따로 있단다.

부추 배추 고추가 '추' 자가 들어가지만, 고추의 '고' 는 아마도 높을 고(高)자일 것 같아 이름 만으로라도 상위의 품목으로 생각하고 심었단다.

어느 날 비 온 후 고추나무에 탄저병이 들어 고추가 거의 다 떨어져서 고추를 별로 수확한 것이 없다고 했다. 고추의 '고' 자가 높을 고자면 뒤의

'추' 자는 추락할 추 자가 맞을 것이라는 생각이 들었다.

그러니까 떨어졌지.

'추' 자로 끝을 맺는 작물인 '부추' '배추' '고추' 심었던 세 사람이 입을 모아 '추' 자가 추락을 뜻하는 낱말의 '추' 자가 아닌가 하는 말을 해봤다. 정삼영 씨는 그럴 줄 알고 추락할 '추' 자가 들어가는 상추를 안 심었노라고 내심 안도하는데 상추가 품귀현상을 빚어 상춧값이 천정부지로 치솟아 삼겹살 집에서는 아예 상추를 내놓지 않는 집도 생겼다.

삼겹살에 상추가 곁들여 나와도 구색 갖추기 위한 것이어서 상추에 삼겹살을 싸는 것이 아니라 상추를 찢어서 삼겹살에 붙여서 먹어야 할 판이다. 부추 배추 고추 심어서 손해 봤다고 속이 쓰린데 정삼영 씨만큼은 상추를 안 심어서 속이 쓰렸을 것이다.

부추 심어서 생긴 마음의 상처를 달래기 위해 비닐하우스에다 달래를 심기로 했다. 달래 종자를 비싼 돈 들여 구입할 때 판매 시기를 잘 맞추라는 말을 들었다. 구정 명절에서 정월 대보름 사이에는 명절 음식 때문에 채소판매가 안 되는 때이니 그 시기만큼은 피해서 출하하라고 …….

달래 농사를 처음 짓는 것이라서 달래의 성질과 특성 및 성장 속도를 모르는 채로 키우다 보니 제일 피해야 할 시기인 명절 전후해서 달래를 출하하게 자랐다. 달래 판맷값이 최저선에서 형성되어 제값을 받지 못하고 출하를 해야만 했다. 부추 때문에 생긴 마음의 상처를 달래기 위해서 달래를 심었는데, 그 달래마저도 나의 마음을 달래지 못했다.

달래 심었던 비닐하우스에 얼갈이배추를 심으라 하여 씨앗을 사다 심었다. 뒤늦게 밭에 나온 아내가 화들짝 놀랐다. 네 봉지만 뿌려도 될 면적에 여섯 봉지를 뿌려놓고도 씨앗이 모자라서 심어야 할 밭이 남아있는 것을 보고는 환장하겠단다.

아내가 지난해에 텃밭에 뿌리고 남은 씨앗을 갖다가 마저 뿌렸는데 나중에 싹이 났을 때 내가 뿌린 곳에는 싹이 숙주나물 솟듯이 돋아났다. 주변 정리를 하면서 씨앗 봉지를 정리하는데 아내가 나중에 뿌린 씨앗 봉지에는 '엇갈이배추'라고 쓰여 있었고 내가 뿌린 씨앗 봉지에는 '얼갈이배추'라고 회사가 다른 곳에서 나온 씨앗이었다.

그 씨앗 봉지 글씨 그대로 아내는 '엇갈이 배추'를 엇갈려 뿌렸고. 나는 '얼갈이배추' 씨를 얼이 빠져서 얼간이처럼 뿌린 것이다.

농사경력 사십여 년이 넘는 내가 짓는 농사도 이 모양인데 직장생활에서 지친 사람들이나 도시 생활에 환멸을 느낀 사람들이 걸핏하면 때려치우고 시골 가서 농사나 짓겠다고 말하는데, 농사가 그렇게 호락호락하지만은 않은 것이다.

시인 장순익은 시골 농사는 아무나 우습게 여겨도 되는 일이 아님을 그의 수필에서 이렇게 썼다.

'시골 농사란 버림 주고 내버린 조강지처쯤으로 생각하는 모양이며 무한정 기다려 줄 것 같은 춘향으로 생각하는 것 같은데 어림없는 말이라 했고 시골 농사는 아무 때나 간편히 즐길 수 있는 인스턴트식품인 라면인 줄 아는가?'라고 일침을 가했다.

농산물 가두 판매대

    48번 국도 나진 검문소 앞의 도로변 가에 토마토 파는 집이 직접 재배해서 판매하는 재미가 쏠쏠하다고 했다. 아내는 그것이 내심 부러웠나 보다. 지인 중에 방사장이 4차선 도로 옆 우리 토마토밭 들어가는 입구에 작은 땅을 매입한 것을 알고는 그 땅의 일부를 임대해 토마토 판매대를 설치하자고 말했다.

    그 어느 해 여름에 강원도 갈 일이 있었다.
    강원도 굽은 길이라 지명은 어느 곳이라 힘주어 얘기는 못 해도 이곳에서부터는 강원도라는 이정표가 지나친 것으로 보아 강원도 길만은 확실했다. '복숭아 팝니다' 라고 써 붙인 간판 두 개 지난 곳에서 복숭아를 파는데 복숭아 사려는 차가 몰려들어 장사진을 쳤다.

　　사람들이 몰려든 것으로 보아 이 집 복숭아는 뭔가 특이한 맛이 있을 것이라는 생각이 들었다. 채일 쳐 놓은 뒤쪽으로 복숭아 상자로 병풍을 둘러치고 쏟아놓은 복숭아도 어림짐작으로 꽤 많아 보였다.

　　세상에나! 복숭아 파는 아가씨가 어찌나 미인인지 절세미인이라는 말을 이럴 때 사용하기 위해 만들었다 해도 틀린 말이 아니라는 생각이 들었다.

　　늘씬한 키에 흰 살결은 백도 복숭아의 흰색을 무색게 했다. 지나가던 수캐들이 미모에 홀려 몰려든 것 같은데 복숭아를 팔기 위해 허리를 숙이노라면 여름옷이 기껏 얼마나 몸을 가려주겠는가, 앞가슴에 탐스럽게 복숭아 두 개 매달린 것이 보였고 짧은 치마 밑으로는 큰 복숭아가 나뭇잎 사이로 보이는 것처럼 보이는데 그를 본 수캐들이 침을 안 흘릴 수가 없는지라 남의 눈을 의식해 복숭아를 입에 물고 복숭아 물인지 침인지를 줄줄 흘리고들 섰다.

　　김포 수캐도 트럭 타고 지나다가 미모에 졸음이 싹 가셨는데

　　에쿠스에서 내린 수캐 소나타 수캐 BMW 타고 온 수캐들의 위세에 눌려 트럭에서 내리지도 못한 채로 엄한 남의 개 배때기는 못 걷어차고 대신 자동차 엑셀레이터 배때기를 걷어질러서 자동차가 깨갱 비명을 내지르며 고개를 넘었다.

　　돌아오는 길에 복숭아 판매대 했던 앞을 지나는데 복숭아는 이미 다 팔려서 깨끗하여 이곳이 복숭아를 팔았던 자리인가 의심이 들 정도였다.

　　미인계에 홀려 복숭아를 사기 위해 장사진을 칠 때 일어난 흙먼지가 나뭇잎이나 풀 위에 내려앉아 황토색을 띄운 것으로 보아 꽤 많은 사람이 다녀

갔음을 알 수 있었다.

 아내가 도로변 판매대에서 토마토를 쌓아놓고 팔았으면 하는데 아내 얼굴로 봐서는 천천히 오던 차도 판매대 앞에서는 속력을 더 내서 달릴 것만 같았다.
 바로 그 앞 하성삼거리 신호등에 속도위반 신호 위반 잡아내는 카메라가 있는지라 아내 얼굴 보고 혼비백산 달리던 수캐들 무더기로 걸려서 교통법규 위반 고지서 발부하는 젊은 경찰만 애매한 과로사 하게 생겼다.
 남의 귀한 아들 잡지 않으려거든 토마토 가판대 생각 그만 접게나.

농산물값

━━━ 이장님이 콤바인으로 벼를 베면서 하는 말씀이 벼농사 1만 평 지으면서 얻는 수익이 아파트 경비원 임금 일 년 치와 맞먹는다고 하였다. 그 수익성 없다는 벼농사를 근 30여 년 짓다 보니 자연 농가 부채만 늘어났다.

그러고 보니 콤바인으로 벼를 베어 쏟아내는 낱알이 50원짜리 동전 쏟아지는 것처럼 보였다. 일 년 동안 애써서 농사지은 벼 이삭이 땅에 떨어졌는데 사람들은 땅에 떨어진 50원짜리 동전 바라보듯 하며 줍지를 않는다.

궁리 끝에 비닐하우스 농사를 시작하여 근래에는 로컬푸드에 농산물을 출하하는데 값이 영 마음에 차지 않았다.

로컬푸드 옆의 농협 주유소 직원들이 떡을 먹는데 시장에서 저녁 떨이라며 사 온 떡이 한 케이스에 천 원에 사서 먹으며 하는 말이 이것도 로컬푸드 물건이냐고 하였다. 로컬푸드에 진열된 엽채류 한 봉지에 거의 다 천원에 값이 정해지다시피 한 것을 두고 하는 말이었다.

그 소리를 듣고 보니 비닐하우스 안의 적 상추들의 색깔이 비슷한 천원권 지폐로 보이는데 이황 어르신 뵐 면목이 없다.

생각 끝에 봄배추를 심었다.

돈 만 원짜리 지폐를 흔히 말하기를 배춧잎이라 하는 소리가 생각나서 마음으로나마 고부가 가치를 느껴 보자고 배추를 심은 것이다. 봄배추 작황이 좋아 비닐하우스 안에 정좌하고 계신 세종대왕님의 체면만큼은 겨우 살려드렸다는 생각이 들었다.

TV에서는 배춧값이 비싸서 금값이라면서 뉴스 시간에 배추 사기가 겁이 난다며 엄살을 떠는 주부의 모습을 비춰주기까지 했다.

물가 상승의 주범이 배추 인양 매도를 하더니 중국산 배추를 수입하고 비축 배추를 방출하여 배춧값이 천 원대로 떨어졌는데 엊그제까지만 하더라도 비닐하우스안의 만 원짜리 지폐가 하루 만에 김광균의 시 '추일서정'에 나오는 폴란드 망명정부의 지폐처럼 보였다.

로컬푸드에 포도를 출하하는 친구가 포도 재배를 권유하여 문우가 재배하는 고정리 포도원을 방문하니 포도가 주렁주렁 열렸다. 형수님이 반갑게 맞이하는데 형수님이 포도를 배경으로 한 사임당 모습과 같아 보였다.

오만 원권 지폐가 이곳에 있었음을 알았다.

오십 원 동전 도안 ---- 벼 이삭
천원 권 도안 ------- 이황
만 원권 도안 ------- 세종대왕
오만 원권 도안 ------ 신사임당입니다

복날은 간다

▬▬▬▬ 연분홍 치마가 봄바람에 휘날리는 대신 연분홍 복사꽃이 봄바람에 흩날리며 봄날은 가건만 몇 달째 비다운 비 구경을 못했다.

양수기 넉 대가 연신 물을 뿜어 올리고 밭고랑을 가로지른 물 호스에 걸려 넘어질 뻔도 했다. 그러한데도 부추밭에선 흙 버짐이 일어났다.

세상이 말라붙는데 사람이라고 다를까.

깡마른 얼굴에 주둥이만 걸린 내 모습이 가끔 운동 삼아 논에 물꼬 보러 오는 목사님 눈에도 안쓰럽게 보였는지 목사님이 개고기 스무 근을 줄 터이니 몸보신하라고 했다.

이삼일 지나서였을까 목사님이 젖을 떼지도 않았을 법한 검정 개 한 마리 갖다 놓으며 경비견으로 키우다가 스무 근쯤 되면 잡아드시라 했다.

　　먼젓번에 목사님이 말한 개고기 스무 근이라는 것이 고작 검정 양말 한 짝 만도 안 되어 보이는 강아지였다.

　　그래도 강아지라면 하얗든가 얼룩무늬가 있다면 좋았을 텐데 온통 새까만 것이 마음에 썩 내키지 않았다. 〈빨간 머리 앤〉을 입양하기로 한 주인 매슈가 빨간 머리를 보고 낙담한 마음과 검정 개를 처음 본 지금의 내 맘이 같을 것이라는 생각이 들었다. 꼭 검정 양말 한 짝이 굼실굼실 기어가는 것 같더니만 쫄랑쫄랑 뛰어다닐 정도로 자랄 동안에도 비 한 방울 구경하기 힘들었다.

　　가뭄의 물 걱정에 개 이름 작명이라는 걱정이 하나 더 늘었다.

　　우리 어렸을때는 동네 개 이름 거의 다가 도구 메리 죵이라 그중의 하나를 고르다시피 했는데 개 이름도 시대의 흐름에 따라 변하는지 지금은 그 이름을 지으려 해도 작명소를 찾아야 할 판인데 날이 더워 개가 땅바닥에 납작 엎드려 있는 것을 보고는 딸아이가 영국 왕실 근위병 모자 벗어놓은 것 같다고 했다.

　　온통 검은 털로 덮여 있어서 엎드려 있으면 눈코 위치도 못 찾겠다는 것이 그야말로 검정 털모자 벗어 던져 놓은 것 같았다. 그때부터 개 이름이 〈영국 왕실 근위병 모자〉로 불리게 되었는데 이름이 길다 보니 불편함을 느껴 목사님이 농장 경비견으로 키우다가 토사구팽시킨다는 말이 생각나서 〈경비〉라고 불렀다.

　　가뭄에 물이 부족해 작물은 잘 자라주지 않았어도 강아지는 잘 자라서 사람을 귀찮을 정도로 따라다니느라 아내의 구박도 적잖이 받았다. 사람한테만 달려드는 것이 아니라 차에도 달려들어 급기야는 비료를 사러 가는 차에 치여 깨갱 소리를 내며 차 밑에서 기어 나왔다. 개라면 질색하던 아내가 뛰어오고 나는 사람을 차에 치인 것 이상으로 당황했다.

저것도 생명인데!

당황하여 빨리 병원에 개를 데리고 가자며 차에 올라타는 아내를 뒤로하고 죽는 소리를 지르는 강아지를 태우고 가축병원을 찾는데 마침 애견센터가 눈에 띄어 개를 안고 뛰어드니 이곳은 애견센터지 동물병원이 아니라고 했다. 그리고 덧붙이기를 가축병원은 사라진 말이고 지금은 동물병원으로 불린다고 했다.

E마트 이 층에 있는 동물병원을 찾아든 것은 동물병원을 찾아 20여 분을 더 돌아다닌 후였고 강아지는 몸을 부르르 떨며 일어섰다. 접수 차례를 기다리는 동안 주위를 둘러보니 머리를 염색한 아가씨 발톱에 물들인 아가씨 귀고리를 한 청년 그런 주인에게 걸맞게 개들도 털에 분홍 염색을 했거나 머리에 리본을 매달기도 했다. 개와 주인이 패션쇼장을 방불케 하는 틈에 햇볕에 검게 탄 나와 우리 검둥개가 이방인처럼 끼어 있었다.

벽면에 걸린 세계지도에 국가별로 명견들이 그림으로 그려져 있다.

중국은 치우 우리나라는 진돗개 일본은 도사 아끼다가 있고 서양 쪽으로는 달마시안 도베르만 등의 명견들이 있는 그림을 보는데 접수하던 아가씨가 호명하였다. 접수증에 기재하느라 개의 품종을 물어보는데 조금 전에 보았던 세계 명견의 피가 우리 개에게도 섞이지 않았을까를 순간적으로 생각해 보았지만 명견의 상징인 꼿꼿한 귀부터 꺾여서 역삼각형 귀를 한 우리 개는 아예 명견하고는 거리가 있는 순수한 우리 견으로 그 이름부터 토종다운 똥개일 뿐이었다.

접수증에 이름을 적는단다.

사람 이름이 아닌 개 이름을 적는데 생각 없이 경비라는 말이 튀어나왔다. 별난 개 이름으로 인해 동물병원에 있던 사람들이 거의 다 우리 일행을 쳐다보았다.

개가 다치게 된 경위를 들은 수의사 선생이 다리 부분을 엑스레이로 찍은 사진을 보여주는데 아무 이상이 없다. 사람이고 동물이고 간에 교통사고는 하루 이틀 지나서 나타나는 경우가 있으니 모레쯤 다시 내원하기를 권했다. 인사하고 나오려는데 개가 먹은 것을 토해내기 시작했다. 놀라서 다시 한 번 배 부분을 엑스레이 사진을 찍은 사진을 보여주는데 아무 이상이 없었다.

동물병원에 있던 아가씨들 "경비야 잘 가" "경비야 아프지 말고 근무 잘 서"라는 인사를 받으며 농장에 도착하고서야 검둥이가 토한 원인을 알았는데 검둥이가 깨갱거리며 차 밑에서 튀어나온 것은 털끝 하나도 다치지 않은 단지 놀래서였고 토한 것은 차멀미 때문이었다.

동물병원을 찾아 두리번거리느라 급정거와 급출발을 일삼으며 이십여 분간 운행했으니 개새끼인들 멀미가 안 나겠는가 엄마로부터 강아지가 차에 깔려서 병원에 갔다는 비보를 들은 딸아이는 농장까지 와서 수프를 끓여서 먹이고, 병원에 주사 맞으러 갈 때 차멀미를 우려해서 아들은 엽천에 개를 껴안고 스케이트보드를 타고 주사를 맞히러 갔다.

우리 가족의 극진한 간호와 염려로 인해 검둥이의 꾀병은 완치되었고 '엄살'이라는 명예롭지 못한 이름을 대신 부여받았다. 개 이름은 바뀌었을지언정 본연의 임무에 충실히 하라며 경비 초소를 지어주었지만 근무지 이탈은 다반사요 사람만 보면 짖는 것은 아예 잊고 반가워서 달려들며 핥는데 도둑이 들어와도 반가워서 달려들 놈이라고 집사람이 말했다.

사람만 보면 좋아서 달려오는 개줄에 걸려 모종하여 겨우 뿌리만 내렸을 오이 줄기가 끌려오며 줄줄이 뽑히기도 했고 모종삽을 들고 쫓아가니 도망가느라 파밭으로 뛰어들어 파 한 줄을 짓이겼다. 조용하다 싶은 것이 꺼림칙하여 찾아보니 아니나 다를까 수박밭에 퍼질러 엎드려서 수박 줄기를 질겅질겅 씹고 있었다.

소리를 지르며 솎아낸 수박덩이를 집어 들고 개를 향해 투포환선수 흉내를 내보건만 수박덩이는 개 근처에도 못 미쳤고 개 장난감만 하나 던져준 꼴이 됐다.

급기야는 개를 묶어두기로 했는데 대소변은 철저히 가리는 개라 용무 때마다 풀어줘야 하는 데 여간 귀찮은 것이 아니었는데 어느 날은 비닐하우스 안 고추밭에서 여자 비명이 나서 뛰어가 보니 고추를 따던 젊은 여자가 얼굴이 하얘졌고 나이 든 아줌마가 낑낑거리며 개를 안고 나왔다.

고추 넝쿨이 우거진 것을 헤치며 고추를 따는 데 줄기 사이에서 시커먼 개 머리가 쑥 나오는 것을 보고는 기절초풍을 한 것이다.

아내가 경비를 잡도리하는데 원인은 신발을 물어뜯었기 때문이었다.

개에게 전생이 있었다면 놀부네 집에서 자랐었는지 개 하는 짓이 놀부 심술보 그대로 빼닮았다.

성직자인 성스러운 목사님이 전해준 개여서인지 그렇게 말썽을 피어도 지나는 투로 하는 욕 한 두어 마디가 고작이었다. 아마 목사가 아닌 개백정이 갖고 온 개였다면 몇 번을 고쳐 죽고도 모자랐을 것이다.

그런데 오늘 아내의 뿔 뻗친 것으로 봐서는 목사 아니 하늘에 계신 분이 내려준 개라도 뒈지게 맞을 것 같다.

우리말에 '개 패듯 한다' 라는 말이 있는데 아내가 지금 그 말을 실천으로 옮기는 중이었다. 빗자루로는 한 대 때리면서 입으로는 열 대를 때리는데 우이독경이 아닌 견이 훈시였다. 결과는 빗자루 한 개만 못 쓰게 되었고 개새끼는 검은 털에 윤기만 흐르고 더운 날에 혼자 원기 왕성하였다.

아침에 농장으로 출근이라도 할라치면 개가 꼬리만 흔드는 것이 아니라 굴러오다시피 하며 달려들면서 정신을 다 빼놓는데 하루는 아내가 동행하지 않았다. 개가 자동차의 좌우 쪽 문을 바쁘게 왔다 갔다 하는데 아내가 내리지 않자 문 옆에 앉아서 아내가 내리기만을 기다리고 있었다.

내가 먹을 것을 주며 불러도 꼼짝하지 않고 고개만 돌려 쳐다보는 눈빛이 참으로 애절해 보였다. 어제 아내한테 그렇게 두들겨 맞았는데 짐승이지만 사람 못된 것 보다 났다는 생각이 들었다. 그런데 저걸 잡아 몸 보신하라고?

내가 못 먹고 비쩍 마른 편이 더 낫겠다.

삼복이 가까워지면서 검정 개새끼는 목사님이 말한 개고기 스무 근 수준에 육박할 정도로 자랐지만 봄날에 개새끼한테 시달린 나는 오히려 몸무게가 줄어들었다.

밭과 논바닥이 마르며 봄날은 갔고,
나는 개에 시달려 빼빼 마르며 복날은 갔다.

어버이날

▬▬▬▬▬ 배추밭 두렁에 꽃이 피었다.

고촌에서 논두렁에 피었던 꽃을 본 후 십몇 년 만의 일이다.

고촌의 한강 변 영사정에 직장이 있는데 고촌읍부터는 버스가 없어 근 2Km를 걸어 다녔다.

도로를 사이에 두고 한쪽으로는 농수로에 물이 가득 차서 흘렀고, 반대쪽은 논이라 벼가 자라서 융단 깔아놓은 것처럼 푸르렀다.

어느 날부터 초록 융단 틈에서 붉은 꽃이 피기 시작하더니 논두렁 모양에 따라 붉은 줄이 생겼다. 마치 초록 잔디 위로 붉은 꽃뱀이 구불거리며 기어가는 것처럼 보였다. 칸나 달리아 등의 꽃이 논두렁에 심겨 있었다.

논두렁이라면 주로 콩을 심는 것이 우리네 상식인데 논 주인의 예상을 뒤엎는 재치와 아름다운 마음이 엿보이게 하는 꽃 두렁이다.

그 붉은 꽃이 계절도 잊은 체 지금 우리 배추밭 두렁에 핀 것이다.

붉은 꽃들은 가끔 까르르거리며 꽃송이를 흔들어대는데 밭둑에 핀 하얀 냉이꽃과 노란 꽃다지꽃이나 마른 잔디 틈에서 가냘프게 보라색을 띠는 제비꽃에 견주어 화려하게 보였다.

겨우내 말라붙은 밭두렁의 마른 풀 속에서 피워 낸 야생화도 예쁘지만 나이가 들어 밭두렁처럼 말라 쳐진 할머니들의 앞가슴 옷에 걸린 카네이션이 보기 좋았다. 모처럼 만에 자식 둔 보람을 느껴서인지 봄이 되어 물오르는 나무처럼 생기가 돈다.

배추 작업할 도구를 챙기면서 연신 말로나마 향기를 내뿜는다.

"오늘 아침에 학교 가는 손자가 달아줬어"

"서울 사는 아들 내외가 토요일 날 미리 내려와서 저녁 사고 옷에다 미리 달아 놓은 것 내가 일 나오면서 이 옷에다 옮겨 달았어"

"우리 손자 손녀가 서로 제가 달아주겠다고 밀치고 싸웠어"

우리는 무밭에서 무를 뽑으며 자식 흉볼 때가 엊그제였었는데 오늘은 가슴에 꽃 한 송이 달은 기분에 연신 자식 자랑이다.

점심나절에 지나가는 바람 때문이었는지 꽃들이 일제히 "까르르" 흔들렸다.

"아저씨! 이 할망구는 자기가 꽃을 사다가 지 가슴에 달았대요."

"그래! 느이들 한테 꿇리기 싫어서 내가 사다 달았다."

사업하다 가산을 탕진한 아들이 연락 끊고 산다는 소리는 얼마 전에 일하는 할머니로부터 들어서 알고 있었다.

자식은 찾아오지 않지만 어버이날은 꼬박꼬박 돌아오는 것이다.

자식 낳아 젖 물릴 때는 어느 자식인들 소중하지 않고 잘되기를 바라지 않았을까마는 그 은혜에 보답고자 자식들이 찾아와 자기가 물고 자랐던 젖꼭지 섶에 꽃을 달아주는 것이다.

밭을 맬 때 바느질 할 때 그밖에 다른 일을 할 때도 끈질기게 물고 늘어져 젖을 빨던 입들이 카네이션이 되어 배추 작업이 끝나는 저녁때까지 엄마의 가슴에 매달려 젖을 빨고 있었다.

정리해고

　　　　　　농사를 지으며 채소를 비롯해 각종 농산물을 농협 로컬푸드 매장에 출하하다 보니 다다익선이라 여러 품목의 작물을 심었다.

　　전천후 농사를 염두에 두고 시설 하우스를 설치하여 봄부터 시작된 파종과 모종 정식은 사계절 구분 없는 수확과 맞물리기도 하면서 가족농으로 농사를 짓는 일손에 과부하가 걸릴 지경이었다.

　　욕심은 자칫 몸의 균형을 무너트리는 촉매제 역할을 할 것만 같아 농사짓는 농산물의 가짓수를 줄여야겠다며 일 년 한 해 동안에 우리 밭에서 재배 되고 키워져서 출하하는 농산물의 종류를 헤아려 보았다.

봄배추와 무 양배추와 양상추로 시작해서…

여름의 오이와 호박을 비롯하여 가을로 접어들면서 홍갓을 비롯해 콩 하며 노지의 유실수와 과실수 포도 등 정신이 없다. 심고 가꾸는 내가 정신이 없을 정도니 아마 품목 몇 가지는 기억에서도 빠졌을 것이다.

장마는 지는데 뒤늦게 감자 두 고랑 심은 것이 생각나서…

감자는 안 캐냐고 집사람에게 물어보니 손바닥을 치면서 "아차! 감자 심은 것이 있었지" 하면서 화들짝 놀라기까지 했다.

재배하는 품목 수를 줄이기 위한 전초단계로 작두콩을 비롯해 줄기 몇 가지를 뽑아내어 밭두렁 위로 던져놓았다. 며칠 후 뿌리째 뽑혀서 밭두렁 위에서 말라져 가는 작두콩을 보노라니 몇 해 전 IMF 위기 겪으면서 정리해고 때 직장에서 뽑힌 채로 길거리로 밀려나 길 위에서 배회하다 말라져 가는 내가 보였다.

친환경 농사

▬▬▬▬ 내가 아는 분 중에 농사를 짓는 어른이 있다.

농사를 짓는다고는 했지만 농촌에 살고 있기 때문에 농사를 짓는다고 했지 소득으로 따져서는 농사를 짓는다고 말할 수가 없었다.

사람들은 농사 규모 이백 평이나 될까 말까 하는 할아버지의 농사를 친환경 농사라는 데는 의견을 달리하지 않지만 정작 할아버지 본인은 친환경이 뭔지도 모른다.

시골 살림이란 것이 거의 대동소이하여 그 영감님도 자녀들 출가시키고 할머니와 두 분이 사는데, 벽에 걸린 사진틀 속의 크고 작은 사진으로 보아 슬하에 자녀를 많이 둔 것 같았다. 사진틀 옆으로 한때나마 이 가족의 가훈이었는지 아니면 할아버지의 좌우명인지 다음과 같은 글씨가 붙어있는 것을 보았다.

'술과 매에는 장사가 없다!'

할아버지에게 장사라는 말이 가당치 않으나 20리터나 되는 농약 통을 지고 더운 여름 한낮에 고추밭에서 약을 치는 것을 보면 장사가 따로 없다 싶다, 젊은이들도 힘들다 하는 일을 이틀이 멀다고 농약 통을 지고 고추밭 한가운데 서 있는 것을 보고는 저 집의 고추는 농약 범벅이라 안 사 먹는다고 했고, 고추 벌레 잡으려다 할아버지 먼저 잡겠다는 말들을 해댔는데 정작 할아버지 집이나 밭두렁 근처에서 농약병은커녕 농약 병뚜껑 같은 것도 못 보고 과실주 담그고 남은 플라스틱 소주병만 보았다고 했다.

그랬다. 할아버지는 아예 술 냄새를 달고 살다시피 하였는데 대취해서 소리를 지르거나 주정을 하는 것을 보지 못한 동네 사람들은 할아버지가 술 좀 좋아하는 것쯤으로 생각했다.

유치원 원생들이 체험농장으로 현장학습을 갔다 오는 길에 할아버지 고추밭을 지나면서 꼬마 원생이 할아버지 뭐 하세요? 하는 말을 인솔 교사가 재빠르게 받아서 "응 할아버지는 우리의 안전한 먹거리를 위해 친환경 약을 주는 거란다"

"친환경 할아버지 감사합니다."라며 폴더인사를 받은 후로 동네의 입 놀리기 좋아하는 사람을 통하여 친환경 할아버지가 된 것이다.

명예 친환경 할아버지면 무슨 소용 있나…

할아버지는 농약 통을 지고 중얼거리기까지 하며 고추밭 한가운데 서 있을 텐데 라고 동네 사람들은 말했다.

그 친환경 할아버지에게 오점이 생길 일이 생긴 것은 이장의 동네 방송이 있고부터였다.

"아! 구급차 진입이 어려우니 마을 입구 다리 위의 경운기 빨리 치워주세요! 친환경 할아버지가 고추밭에 농약 치다 농약에 중독되어 농약 통을 진 채로 쓰러졌습니다."

방송을 들은 할머니가 뛰어가며 혼자 내뱉은 소리(그놈의 것은 뭐가 좋다고 들이키나)를 들은 경로당 할아버지가 "에이 이 좋은 세상에 그 몹쓸 것은 왜 들이키나 이 몹쓸 사람아"라며 한탄하는 가운데 구급차는 앵앵거리며 마을을 벗어났고 친환경 할아버지가 병원 실려 간 지가 한 시간도 안 되어 갔건만 동네에서는 삼삼오오 모여서 할아버지의 일을 확대하고 비틀고 왜곡하기까지에 이르렀다.

"할아버지가 농약에 중독되었대"

"아니야 농약을 마셨다는데"

"첫짼가 둘째가 땅을 팔아 달라고 해서 약을 먹었다는데"

얘기가 길어질수록 효성스러운 첫째 둘째가 불효자가 되었고 조금 더 시간이 지나면 불경스러운 아들들이 아비의 영정 앞에서 울더라는 얘기가 나돌 판이다.

"할아버지 날도 더운데 낮부터 웬 과음을 그리하셨어요? 집에 가셔서 시원한 그늘에서 두어 시간 누워계시면 괜찮아지실 겁니다."

의사 선생의 말씀을 따라 할머니의 푸념이 이어졌다.

"술에 장사 있간디"

할아버지의 지론에 의하면 술과 매에는 사람이고 미물이고 간에 장사 없다고 해서 고추밭 벌레를 일일이 잡아다 매를 치기도 어려워 물에다 술을 희석하여 고추에다가 뿌린 것이다.

이놈들아 술하고 매에는 장사가 없다는데 이 술 먹고 버틸 재간 있으면 버텨 보라면서 약을 아니 술을 뿌려대다가 목이 컬컬하여 농약 통에서 종이컵으로 퍼내서 한잔 속이 출출하여 한잔 더워서 한잔하다 보니 이 사단이난 것이다.

할머니가 안줏거리로 건건이만 꾸려다 밭두렁에다 갖다 놓아도 이런 망신은 안 당하는 것인데 약통을 지고 고추 잡아 비틀어 한입 고추장도 없이 안주 발을 세우지 못한 것이 그만 화근이었다.

고추밭의 벌레보다 사람이 먼저 죽겠다 싶은데 어쨌거나 저쨌거나 미물이나 인간이나 술에는 장사가 없다.

"어이구 죽겠다!"

풍장(風葬)

━━━━ 옛날 우리네 생활에 보릿고개라는 말이 있다.

햇보리 나올 때는 아득하고 묵은 곡식은 바닥이 났을 때를 말한다. 시기적으로 밥반찬 거리가 딱 그 짝이 났다.

삼월이면 김장 김치도 떨어질 때가 되었고 설령 손이 커서 김치를 많이 담근 탓으로 김치가 남았어도 군내가 날 시기다. 새로운 반찬이라야 짠지 무나 우려먹던가 해토되기 시작한 땅에 풀포기 겨우 자라는 틈에서 기껏 냉이 뿌리나 캐어다 반찬 하는 것이 고작이었다.

언제부터인가 들판에 비닐하우스가 한둘 생기더니 이제는 겨울이면 눈 때문만이 아닌 비닐하우스로 인하여 들판이 하얗다.
　비닐하우스는 묵은김치를 신 내에 인상 쓰며 먹지 않게 푸른 채소를 공급했고, 적잖이 농가 수입도 보장해 주었다.
　농촌지도소 직원들은 백색혁명이라고까지 극찬했다.
　한겨울에 고생은 되어도 심어만 놓으면 돈이 되었다.
　그런데 누가 알았으랴? 새로운 혁명이 일어날 줄을…
　김치냉장고! 김치냉장고는 출시와 함께 선풍적인 인기몰이를 했으며 김치에 일대 혁명을 일으켰다. 냉장고 있을 때만 해도 채솟값이 심하게 타격을 입지는 않았다. 그 당시만 해도 먹는 김치가 반이면 쉬어서 버리는 김치도 반이나 되었다. 이제는 버리는 김치도 없고 사철 싱싱한 김치가 끊이지를 않게 되었다.
　자연 채소의 소비량도 현저히 둔화하였다.
　백색 혁명이 김치냉장고 혁명에 된서리를 맞은 것이다.

　"그 넓은 비닐하우스 안에 열무가 가득 찼다.
　열무 한 관에 삼천 원 넘던 것을 생각하니 열무이파리가 돈으로 보였다.
　최소한 몇 년 전에는 그랬다는 얘기다."

　지금은 열무 값의 폭락으로 누구 하나 선뜻 열무를 솎으려고 하지를 않는다. 하지만 농사라는 것이 절기와 시기를 놓치면 폐농이라 울며 겨자 먹는 것이 아니라 울며 열무를 뽑아야 했다. 삼천 원을 넘었다던 열무 한 관의 값이 삼백 원도 아니고 시장 쪽에서는 제발 시장에 열무를 출하시키지 말라는 아우성만 들려왔다. 급기야 관공서 및 유관 단체에서 열무 팔아주기 운동까지 벌였지만, 지천이 열무로 가득 찼다. 내 집에서 대우 못 받는 물건이 남의 집에서는 누가 좋아할까 싶어서 선뜻 남을 주기도 꺼려졌다.

상길이 형님이 아들 부탁이라고 하여서 열무 열 봉지를 가득 담아서 줬다. 열무 값이라며 이만 원 주는 것을 안 받으려고 실랑이하다가 그 돈으로 읍내 장터 집 가서 대포 몇 잔 들이켰다.

둘이 마주 앉아 취중에 농정을 성토하고 농사꾼의 앞날을 걱정하다가 나오는데, 그동안 마신 술값이 오만 원이라 하여 돈 삼만 원을 보태서 냈다.

열무 팔아 돈 좀 마련하겠다는 야무진 생각에 농협에서 열무 봉지 사고 저울까지 빌려다 놨는데 무용지물이 되었다. 솎은 열무를 몇 트랙터인 줄도 모르게 실어다가 갯 섶에 버렸다.

죽어라 죽어라 하면서 열무를 쇠스랑으로 찍어 내리고 발로 질겅질겅 밟았다. 쇠스랑에 찍히고 발에 밟힌 열무는 시퍼렇게 멍이 들면서 죽어갔다. 말은 죽으라고 했지만, 그것이 진정한 내 속마음이었겠는가?

부모는 자식이 죽으면 가슴에 묻는다고 했다. 농사꾼은 자기가 심고 가꾼 농산물이 자식 아닌가?

겨울에 씨를 심고 눈이 오면 쓸어내고 눈 녹은 물 퍼내면서 자식 같은 열무는 찬바람 쐬우면 안 되는 줄 알아서 한겨울 추위를 몸으로 다 맞지 않았던가. 바람 불면 비닐 날아갈까, 날이 더우면 열무가 데일까 애지중지 키운 자식인데, 화도 나고 서글픈 마음에 말은 죽으라고 했지만 속으로는 울고 있었다.

들판을 오가며 자식 같다던 열무 쏟아버린 곳을 안 본다고 하면서도 자식 무덤 보는 부모처럼 힐끗거리며 보기도 했다. 내가 버린 열무는 날이 갈수록 햇볕에 마르고 바람에 날리면서 사그라들더니 이제는 흔적조차도 보이지를 않았다.

열무가 죽어서 햇볕에 마르고 바람에 다 날아가 버린 것이다.

이제 앞으로는 열무 안 심겠냐고요?
자식 죽었다고 자식 안 낳는 부모 봤습니까?
농사꾼이라면 자식 낳는 심정으로 또 심어봐야지요.

로컬푸드

때 묻지 않고 잠든 것 같은
동시적인 저 나비들의 모습에
저 나비가 자라면
값이 얼마나 될까
수학적인 돌 팔매를 던져
파문을 일으켜 본다.

7부_

꽃양배추

"귀숙 아부지 엊그제 서울 조카네 결혼식에 갔다가 서울 청량리역 앞에서 김 씨네 배추를 봤어 며칠 전에 몇 집의 김장배추를 가락동 경매시장에 올렸잖아 배추 금이 좋다 하니까 장사꾼들이 배추 같지 않은 것도 이름만 배추면 모조리 뽑아 싣고 같잖아 올 같은 해 배추 농사 파작 하다시피한 김 씨도 열불이 나서 쫙 벌어지다시피 한 배추를 장사꾼들의 만류도 뿌리치고 가락동으로 올렸잖아 결국 경매에서 낙찰이 아닌 유찰이 돼서 구리 시장으로 싣고 갔다는 소리는 들었잖아"

"그런 김 씨네 배추가 글쎄 청량리역 앞 화단 가에 심겨져 있는거야 날씨도 쌀쌀한데 속살을 비추다시피 하며 배추 한 포기 한 포기마다 보라색 빨간색에 노란색으로 어찌나 알록달록하게 치장했던지 못 알아볼 뻔했어.

뭐? 잘못 보지 않았냐고?

에이 이 사람아 김 씨 혼자 배추 뽑는 것이 안 돼 보여서…

내가 같이 배추 뽑고 상차까지 해줬는데 그 배추를 몰라?"

"김 씨네 배추 아니냐고 물어보지 그랬냐고?

먼젓번에 순자 엄마가 딸 해산바라지 해준다고 서울 올라갔을 때 영등포역전 있는 데서 홍 씨 딸 점순이를 봤다 하지 않았어. 머리는 염색을 해 갖고 가슴이 드러나다시피한 옷을 야리꾸리하게 입고 담배를 물고 있더라는 거야 개가 인물은 좀 있었잖아.

처음엔 순자 엄마도 잘못 본 줄 알았는데 아무래도 점순이더라는 거야. 다가가서 너 점순이 아니냐? 하고 물어보니까 담배 연기를 길게 내뿜으며 내 이름은 예레나인데 아줌마는 누구시고 점순이는 누구예요? 하는데, 목덜미에 점이 보이더라는 거야 점순엄마 말로는 딸이 반도체 만드는 공장 다닌다고 들었는데, 별일이다 싶다 했잖아"

"나도 너희들 김 씨네 배추 아니냐고 물어봤다가

순자 엄마 짝 날 것 같아 보기만 하고 그냥 지나갔어."

무꽃

━━━━━ 연두색의 작은 무 떡잎이 보드라운 흙 위에 앉은 나비처럼 보였다.

한 마리, 두 마리, 아니 열 마리, 백 마리…

무수한 숫자의 나비가 엄동설한의 비닐하우스 안에 가득 날아 앉았다.

비닐하우스를 투시해 들어오는 햇빛이 연두색 떡잎에 투영되는데 그 모습이 마치 두 눈 꼭 감고 입만 꼼지락거리는 아기의 모습처럼 보였다.

때 묻지 않고 잠든 것 같은 동시적인 모습에 저 나비들이 자라면 값이 얼마나 될까 하는 수학적인 돌팔매를 던져서 파문을 일으켜봤다.

수학적인 상념의 파문이 동그라미를 그리며 퍼져나간 자리에는 연두색의 나비는 다 날아가고 실리(實利)라는 무 떡잎만 내려앉은 것이다. 이상은 정신적으로는 풍족함을 느끼지만, 실리는 없지않는가?

이상에서 내려앉았던 나비를 실리라는 생각으로 쫓아버리고 대신 그 자리에 무 떡잎을 앉힌 것이다.

농작물은 주인의 발소리에 비례해서 자란다는 말이 있다.

눈이 오면 쓸어내고 비가 오면 퍼내고 비닐하우스 여닫으며 통풍시켜서 무를 미끈하게 키웠지만 무를 선매할 장사꾼은 코빼기도 보이지 않고 무는 터질 것처럼 팽팽하더니만 꽃대가 오른다. 무 중에 성질 급한 녀석은 꽃대를 사슴뿔처럼 뻗는다.

축산 농가에서는 좋은 고기를 생산하겠다는 일념으로 수소를 거세시킨다는 말이 생각났다. 꽃대를 거세시키기 시작했다. 이제는 내 눈빛도 무 떡잎을 바라볼 때의 온화한 빛이 아니다.

핏발이 섰다.

붉은 눈으로 휘둘러보면 꽃대가 놀라서 움츠르는 것 같았고 허여멀건 무가 갈라지며 터져 나가기 시작했다.

저것이 어떤 공을 들여서 어떻게 키운 것인데 푸르던 하늘이 노래지며 달팽이를 그렸다. 서울로 출하했던 무를 다시 싣고 와서 갯섶에 버렸다. 논바닥에 있는 무도 폐기 처분하란다. 일도 안 했는데 다리가 휘청거리며 정신이 아뜩했다.

논 한 귀퉁이에 버리는 무가 산더미같이 쌓였다.

농협에도 저 높이만큼의 농가 부채가 새로이 쌓일 것이다.

내 속 썩는 것과 같은 속도로 무도 냄새를 풍기며 썩어가고 있다. 내 속 시커멓게 썩는 것처럼 무도 시커멓게 썩는데 썩어가는 무 중에서도 엷은 보랏빛의 무꽃이 피는 것이 눈에 띄었다.

할머니의 한이 맺혀 무덤가에 할미꽃이 피었다는데 무야 너는 얼마나 한이 맺혔으면 썩어가는 너의 무덤가에서 꽃을 피우느냐 죽어가는 무의 명복을 빌어주는 뜻으로 꽃을 꺾으니 꺾이지를 않는다. 그간의 서운함을 매운맛으로 간직하고서 꽃대의 섬유질은 푸른 눈물을 뚝뚝 흘리며 꺾이기를 거부했다.

미안하다! 미안해!
내 이럴 줄 진작 알았더라면
원 없이 꽃이라도 실컷 피게 놔두는 것인데…

배

내가 삼 십여 년 전 현재 사는 동네에서 벼농사를 처음 시작하기 전부터 과원이 있었는데 엊그제 지나는 길에 보니 배(梨) 과수를 베어 내고 있었다.

설 명절을 맞아 농협 하나로 마트에는 알록달록하게 포장된 선물 세트와 과일 세트가 진열된 것이 보였다. 옆 건물의 로컬푸드 매장에도 가을까지 재배 되어서 저장했던 과일들이 대목 특수를 노리고 쏟아져 나와 겨울에 재배된 딸기와 어울리며 겨울에 보기 힘든 색을 연출했다.

사과와 배를 재배하여 매대에 진열하는 여사님들도 기대감으로 얼굴에 홍조까지 띠었다.

내가 어릴 때 명절이면 외지의 직장에 다니던 사람들이 사과와 배가 섞인 대나무 바구니를 들고 명절을 쇠러 오고는 했었다. 당시로서의 겨울에 과일이라고는 저장되었던 사과와 배가 전부이다시피 했다.
지금은 농사 기술의 진보와 국내 농산물 시장의 개방으로 딸기를 비롯한 감귤과 넘쳐나는 열대과일에 밀리어 배(梨)의 얼굴이 누렇게 뜬 채로 과일의 뒷전으로 밀려나 있다. 그래도 설 대목인데 차례상에 고이려면 배(梨)가 많이 팔릴 것이라는 생각을 해봤다.

동네 노인정에서 TV를 보고 있는 배(梨) 과수원 영감님을 만났다.
"왜 과수원을 폐원하셨어요"라고 물으니,
"요즈음 배(梨) 먹는 사람들 봤는가?"
이제 배(梨)는 사람들이 안 먹고 귀신들이나 먹는 과일이 되었다네,
그러고 보니 내일(설날)이 귀신들이 배(梨) 먹으러 오는 날이네"

내일은 조상님이 배(梨) 잡수러 오실 텐데 나도 목욕재계하고 조상님들 지방부터 준비해 놔야겠다. 과일의 뒷전으로 밀려났으면서도 효심만큼은 변절치 않은 과일,
배(梨) 바로 너였었구나.

배추

━━━━━ 늘 푸르게만 사는 줄 알고 양보나 타협도 없이 좁은 밭에서 내 몸만 부풀리고 살았습니다. 그러면서도 아집 덩어리인 속마음 드러날까 봐 억센 푸른 잎으로 겉을 두르고 내부 결속만 다졌습니다.

한 알의 씨앗이 죽어서 새롭게 태어난다는 성경 같은 말씀에는 잎을 끈으로 잡아매어 아예 귀를 닫아버렸습니다. 한 알의 씨앗도 남기지 못하고 어느 가을날 푸른 잎을 잡힌 채로 추상(秋霜)같은 칼날에 밑둥치를 잘리는 참수를 당했습니다.

욕심 덩어리인 저 배추가 죽는 마당에 무슨 아쉬움을 남기겠나 싶어 반으로 갈라져 탐욕의 속 낱낱이 보여주며 회개하면서 보속같은 소금으로 세례 받고, 세상의 미련 속절없이 털어버리며 숨을 죽였습니다.

예수 죽을 때 골고다 언덕 십자가에서 회개하는 우도(右盜)를 위해 기도한 것처럼 배추인 저는 죽어가면서도 육신이 채칼에 몇 갈래로 찢기고 고춧가루의 형벌을 당하며 순교한 무를 줄기 사이마다 감싸안으며 무의 영혼을 위해 기도드립니다. 김장김치로 어두운 독 속에 순장되어 고춧물에 마지막 자존심이었던 색깔마저 잃어버렸지만 기도드립니다.

하느님! 제가 살아오면서 생각과 말과 행위로 죄를 많이 지었나이다.
그 죄를 갚기에는 지금까지 몇 차례의 죽음으로도 모자란다면 저를 마지막으로 식탐의 입속에서 죽게 마옵시고 독 속에서 죽은 지 일 년여만에 묵은지로 부활 시켜 익어가는 삼겹살 옆에서 기름을 뒤집어쓰게 하시고 뜨거운 철판의 형벌을 받게 하옵시며 즐거운 입속에서 마지막 죽음을 맞게 하소서.

하느님! 당신이 계신 곳을 시퍼렇게 노기등등해서 올려 본 죗값으로 몇 번의 죽음으로서 가당키나 하겠습니까? 기회가 된다면 이 배추의 넋이 없을 때까지 죽여 주옵소서.

배추는 네다섯 번 죽어야 진정한 김치가 된답니다.
인간이라고 예외는 될 수 없겠지요. 진정한 사람이 되려면 자존심 열등감 이기심 등 배추보다 더 많이 죽어야 하지 않을까요?

사과

추석을 앞두고서 로컬푸드 매장에 진열된 사과들이 더 커 보이고 색깔마저 선명해 보였다. 아침 일찍 출근하신 여사님께서 사과를 상자에 재우거나 작은 바구니에 담아서 팔기 편하게 구분해 놓았다.

첫 번째 바구니에는 에덴동산에서 여호와가 만지기를 금기시했던 선악과에 손을 대어 아담과 하와가 에덴동산에서 쫓겨났던 선악과인 사과요 그 옆 사과의 무더기는 황금사과의 힘으로 페리스와 헬레네의 사랑 도피행각으로 야기된 트로이 전쟁의 황금 사과였고 또 한 바구니는 현재 자신의 위치에서 최선을 다하고 긍정적인 마음으로 미래를 준비하는 스피노자의 긍정 사과였다.

만유인력의 법칙을 발견한 뉴턴의 사과 한 바구니 있었으며 아들의 머리 위에 사과를 얹어놓고 화살을 쏜 윌리엄 텔의 용기와 자유의 사과가 가득 쌓여있었으며 윌리엄텔의 사과 옆으로는 나폴레옹의 희망사과가 쌓여 있었으며 백설공주의 미혹의 사과와 폴 세잔의 우정의 사과가 한데 섞인 것을 여사님이 선별하여 먹어보라고 건네주는 것을 극구 사양하다 한 입 깨물고 내려보니 내 손에 쥐어진 사과는 스티브잡스의 성공 사과였다.

사과를 중심에 두고 신앙과 신화와 역사가 한데 어우러졌던 흐름 속에서 인류와 함께했던 사과를 바라보며 소시민의 한 사람인 나는 추석을 맞이하여 조상님의 음덕을 기리기 위해 차례상에 최고의 사과를 올렸다.

양파

━━━━━ 온갖 채소와 곡식을 거둬들인 들판에 외롭게 심어진 후 황량한 들판에서 느껴야 하는 고독과 외로움을 봄 채소와 여름 곡식은 모를 거야. 알리가 없지 과거 보릿고개가 있던 시절에는 건너 밭에 보리라도 심어져 서로 의지하며 겨울을 보내고는 했었는데 동지섣달 불어닥치는 한파에도 하늘의 해는 햇볕 한줄기에도 왜 그렇게도 인색하게 굴었는지 온몸이 얼어붙는 것 같더구먼 나를 감싸고 있는 내 주위의 언 땅은 얼마나 나를 옥죄고 숨을 못 쉬게 했는지 질식할 뻔했어.

봄 가뭄은 어떡하고?

목이 마르다 못해 이번에는 온몸이 말라붙는 느낌이었어. 겨울에 인색하기만 했던 햇볕은 여름을 맞아 얼마나 허리를 찍어대던지 그때 줄기인 허리가 거의 다 꺾여 내렸지.

내 삶이 이러했는데 어찌 모진 마음 안 먹겠어?

매몰차게도 생길 수밖에 없더구먼 이렇게도 풍진 세상을 살아왔는데 누구에게 쉽게 곁을 주고 말하겠어? 내가 말이 없는 게 아니라 앙가슴에 꼭 껴안고 있을 따름이야.

가슴에 꼭 껴안았던 말. 언젠가 말할 때가 있을 거야 내가 입을 열기라도 하면 아마 대하드라마 한편 정도는 엮을 거야.

일생에 죽을 때 꽃 한번 피고 죽는 나무가 있다는 소리를 들은 적이 있어. 나도 그럴 거야 입을 열고 말하면 그날이 바로 내가 죽는날 이기도 할 거야.

아라비안나이트에서 셰에라자드는 살기 위해서 왕의 침실에서 천일을 이야기했다는데 나 양파는 살기 위해서가 아닌 죽어가는 마당에 주방에서 앙가슴을 한풀씩 벗겨가는 죽임을 당하면서 마지막으로 이제야 한마디 한마디 겨우 말한다오.

내가 하는 말은 귀로도 알아듣지 못하고 눈과 코로만 알아들을 수 있다오.

내 앙가슴을 풀어내며 마지막으로 하는 말이 그렇게도 슬픈가요?
왜 그렇게 눈물을 흘리시는지요.

열무

▰▰▰▰ 그믐달이기는 하지만 들판을 덮은 비닐하우스 때문에 온 벌판이 하얀 것 같다. 밤에 잠깐 내렸을 법한 무서리는 달빛을 받아 하얀 밤을 더욱 환하게 밝혔다.

해가 뜨면 바람이 일어나서 하우스 뼈대인 파이프에 비닐을 씌우지를 못한다. 해가 뜨기 전에 하우스에 비닐을 씌워야 한다. 비닐을 씌우기 전에 동네 형님이 "올해는 채솟값 좀 많이 받게 해주소서"하는 염원과 같은 소리를 했다.

나는 작년에 다니던 직장에서 실직되어 비닐하우스 농사를 처음 시작했다. 심을 작물이라야 이모작과 기후 특성상 무와 배추 둘 중에 골라 심는데 나는 무를 선택하여 심었다. 무 떡잎이 두 개 정도 나왔을 때 쏟아진 그 많은 눈은 김포지방에는 1·4후퇴 때 보고는 처음이라는 말을 했다.

비닐하우스가 눈의 무게를 이기지 못하고 주저앉아버렸다.
그 뒤를 이어서 밀어닥친 한파 속에서도 군인들의 도움을 받아 대강이나마 복구했는데, 눈 녹은 물에 비닐하우스가 침수되어 열무가 물에 잠겼다. 살을 찌르는 것 같은 차가운 물을 양수기로 퍼내면서 한겨울을 근심과 고생으로 보냈다.

비닐하우스밖에는 찬 바람이 불지만 하우스 안에는 떡잎이 자라서 열무가 되어 푸성귀 냄새 피우는 것이 마치 6월에 들판에서 맡는 것 같은 냄새가 났다.

무가 제대로 자라게끔 적기에 열무를 솎아 시장에 출하해야만 했다.
처음 열무 한 봉짓(한 관)값이 삼천 원 하더니 과잉 출하로 값이 천 원 이하로 떨어졌다. 공산품 같으면 출하 시기를 조절할 수 있으련만 시기를 맞춰야 하는 농산물인지라 값이 내려가도 불 속에 뛰어드는 나방의 심정으로 출하해야만 했다.

들판은 양지쪽이나 겨우 풀이 돋을까 하는 시기라 푸른빛이 도는 채소가 금값은 아니더라도 꽤 비싼 값으로 거래되리라던 마음은 나의 요망 사항이었다.

인부 열세 명과 우리 가족이 합세하여 열무 팔백 관을 뽑아냈다. 어제 출하된 열무 한 관 값이 일천 원에서 육백 원에 낙찰되었다는 소리에 기운이 하나도 없다.

농협 박스차가 들판을 순회하며 열무를 싣는데 농협 직원의 착오로 우리 열무는 한꺼번에 못 싣고 차를 한 대 더 불러야 했다.

작은 박스 차에 가득 채우고 남은 열무를 싣겠다고 농협의 큰 오 톤 트럭이 좁은 농로 길을 올라타고 낑낑거리며 오는데 논두렁길 다 무너지게 생겼다. 이래저래 부아만 치민다.

이문구의 소설 '우리 동네'에서 황당한 일을 겪는 농사꾼의 한사람이 된 심정이다.

오만 원 하는 인건비 열세 명 몫과 점심과 간식값을 생각하니 육백 원짜리 열무 팔백 덩어리가 말썽 피우고 가출한 새끼만큼이나 애물단지 같다는 생각이 들었다. 발길에 걸리는 애매한 주전자만 내 걷어질러 버리니 서방 성질에 부엌살림 남아나지 않겠다고 뚜껑 없이 굴러가는 주전자 챙기러 아내는 온종일 힘들었을 무거운 엉덩이를 일으켰다.

땅거미 속에 귀가하는데 하얗게 보이는 맞은편 비닐하우스 입구에서 반딧불 모양의 담뱃불이 뻐끔거렸다. 동네 조카님아 열무 작업 한답시고 개 뒷다리 사다가 삶고 여자들 몫으로 닭도리탕을 만들어 그 안주에 걸맞게 마셔버린 소주병이 포(砲) 밑에 탄피 쌓이듯 했다. 그런데 열무 한 관 값이 오백 원 나왔으니 4백 봉 해봐야 개 뒷다리 값이나 겨우 했는지 모르겠단다.

아내와 터덜대며 집으로 돌아오는데 아파트촌의 불빛이 훤하게 보였다. 아내는 기발한 생각인 양 열무를 아파트단지에 가서 팔면 좋겠다고 제안했다. 저 불 하나가 한 봉지씩만 사가도 하며 불빛을 세는데 금세 열무 백관을 판 것처럼 희색이 만면하다.

그만하게나 이 사람아 저들이 누구인가?

김포에 사는 김포댁들 아닌가?

그 김포댁(김치를 포기한 댁)의 뜻이나 알고 말하게나 김치를 포기한 사람들이 열무건 배추건 소 닭 보듯 할 텐데 부질없는 생각은 말게나.

조카님하고 배춧잎 뜯어서 안주하며 마신 술이 금방 취기가 돈다.

열 받지 말라고 이름을 열무(熱無)라고 지었는지 모르겠다만 어찌 되었든 그놈의 열무 때문에 열(熱) 받는다.

쥐눈이콩

━━━━━ 늦가을 텅 빈 들판이 배고픈 자의 빈 밥그릇처럼 느껴지는 것은 …
논두렁을 훑기며 불어오는 바람 소리가 빈 밥그릇 긁는 수저 소리처럼 들리기 때문이다.

콩 포기 잘려 나간 논두렁이 헐벗은 몸을 콩잎 몇 장으로 가리려 애쓰는 밑으로 까만 쥐 눈이 반짝거리는 것이 쥐가 숨어서 먹이를 구하러 간 엄마를 기다리나 보다.

콩잎이 바람에 날아가고
콩잎이 덮었던 자리에 새끼 쥐는 없다.
몇 개의 쥐 눈만이 반짝거린다.
먹이를 구하러 나섰다가 들짐승들에게 변을 당하여 돌아오지 못하는 엄마 쥐를
새끼 쥐들은 눈이 빠지게 기다렸었나 보다.

엄마 쥐가 혹시라도 들짐승에게 물렸다가 구사일생으로 살아서 털이 빠진 채 다리라도 끌면서 새끼 찾아올까 봐 쥐눈이콩 몇 알을 줍지 못했다.
새끼들이 엄마 기다리다 눈이 빠져 이곳에서 죽었다는 것을…
엄마가 알고 있어야겠기에.

파꽃

━━━━ 쟁기 날이 닿지 않던 밭 끄트머리 한 귀퉁이에
파 한 포기 남았었네.
한겨울 동토의 압박에서도 굴하지 않고 뿌리만은 지켰네.
허옇게 말라죽은 줄기 속에서 혼백만은 살아있어
푸른 기상으로 일어섰네.
세상살이 부질없음을 깨닫고
욕심 없음을 빈속으로 보이며
무골호인이라 마디 하나 소유하지 않았네.

안빈낙도의 삶에 하늘이 감복하여
늦은 봄날에 왕관 하나 씌어 주니
초심 변치 않겠다며
하얀 뿌리로 땅 붙잡고
땅에다 맹세했네.

호박

▰▰▰ 박복한 이내 팔자에 제대로 다듬어진 밭이 웬 말인가?

밭두렁이나 비탈진 언덕에 적선하듯 떨어트려 심어놓고 큰 선심이나 쓰듯 발로 한번 꾹 밟아놓고는 알아서 살라며 뒤도 돌아보지 않고 가버리는 야속한 농심이여.

야속함 접어놓고 이 악물고 비둘기의 두려움과 봄 가뭄의 목마름에도 악착같이 버텨 싹을 틔우리다. 채소 중에서도 불가촉천민 같은 호박인지라 이미 세상 무서운 줄 알아서 설설 기며 살아가리다.

세상 식물들 모두 햇빛과 바람을 사모하여 하늘에 연을 대려고 수직으로만 키를 세우지만 그럴 힘도 없어서 낮은 곳에서 임하리라.

　　온갖 정성 다해 내 딴에는 모양내고 피운 꽃이 세상에 둘도 없을 정도로 못생긴 꽃이라고 비아냥거려도 이 꽃만큼은 고개 쳐들고 환하게 웃게 하련다.

　　그 못생긴 꽃도 꽃이라고 정분이 나서 새끼라도 밴다면 내 육신인 줄기 속의 영양을 다 내주어 속이 빈 줄기가 되면서라도 새끼만큼은 우량으로 키우련다.

　　고고한 매(梅), 송(松), 죽(竹), 양반님네 같은 그대들을 일컬어 송도삼절(松都三絶)이 아닌 세한삼우(歲寒三友)라 한다지요. 한설(寒雪)에 피어 고결한 척하는 매화여 그대 꽃이면서 배고픈 벌 나비에게 꿀 한 모금 적선해 보았는가? 독야청청하며 바람결에 잔소리나 해대는 늙은 소나무여 청풍명월 벗 삼아 잘난 척만 했지 당신 굶주린 자에게 열매 한번 쥐여 줘 봤는지 묻고 싶소이다.

　　그대 대나무는 속 비고 청렴한 척하며 푸른 기상 변절 되지 않고 허연 눈만 되짚어 쓰고 있으면 양반인 줄 아는가.

　　겨울이 되어봐야 송(松) 죽(竹) 푸른 줄 안다고 하지만 바람결에 주둥이만 놀리는 양반네들 격인 그대들 난세에 호국의 창칼 한번 꼬나들지 않았듯이 흉년 배고픔에 구휼 양식 한 톨 내어봤는가?

　　꼿꼿한 자세며 푸른 기상 없으면 어떠한가.

　　여름내 활짝 폈던 잎사귀를 서리에 사르르 합장하고 자식의 숭고한 희생을 바라보는 어미의 심정을 너희가 아는가?

　　내 자식은 꽃으로부터 태어나 호박으로 거듭 변모하면서 세상에 못생겼다는 소리를 숙명처럼 듣고 살다가 배고픈 이를 위한 희생의 정신으로 육신의 칼질을 마다하지 않고 철조망에 팔 벌린 채로 못 질 당해 죽음으로서 인류의 배고픔을 구원하는 저 숭고한 자세를 바리사이파 같은 매·송·죽 너희는 감히 할 수 있겠는가?

말라비틀어져 죽은 나의 호박꽃이가 배고픈 인간의 양식이 되리라.

저 호박꽃이의 붉은 살 육신이 배고픈 자의 양식이 되리라 합장한 잎사귀 사위어 바스러지기 전에 죽어가는 자식인 호박에 이 기도를 올리나이다.

철조망에 못 박혀 돌아가시어 인간의 뱃속에 묻히셨으며 돌아가신 지 넉 달 만에 씨앗으로 부활하사 봄이면 들로 나가 평평한 밭 오른쪽 두렁에 심기시어 그리로부터 호박을 맺히리라 믿나이다.

튼실한 호박을 믿으며 결 곱고 깨끗한 호박과 모든 호박의 풍년을 믿나이다.

영원히 농부의 삶을 위하기를 믿나이다.

아멘.

등이 휠 것 같은 삶의 무게여!

조강지처 불하당(糟糠之妻 不下堂)이요
빈천지교 불가망(貧賤之交 不可忘)이라는 말이 있는데,
내 어찌 조강지처와 조강지차를 두고 다른 마음을 먹겠는가.
누가 먼저 죽든가 죽을 때까지 함께여야 할 우리…

8부_

무료 급식

▬▬▬▬둘째 아이가 엊그제 중학교에 입학했다.
아이가 다니는 학교의 담임선생님으로부터 전화가 왔었다고 아내가 말했다.
아이의 담임을 맡은 선생님이 학부모에게 인사형식으로 띄우는 전화인 줄 알았단다. 전화의 내용은 아내의 예상을 빗나가서 우리 아이가 학교의 무료 급식 대상자에 포함되었다는 얘기였다. 무료 급식을 받는 아이의 자존감도 생각하여 아이가 눈치채지 못하게 급식을 제공할 수 있다면서 선생님의 선처로 우리 아이를 그 대상에 포함하고도 상당히 조심스럽게 부모의 의향을 타진하더란다.

아이의 담임을 맡은 지 일주일 정도 되었을 짧은 시간에 어떻게 자기 반 학생들의 생활 수준을 파악하고 무료 급식 대상자를 선정했는지 의문이 생겼단다. 자기가 담임 맡은 반으로 무료 급식 대상 학생이 할당되었으니 찍기하는 심정으로 뽑았을 것이라는 생각이 들다가도 선생님의 조심스러운 목소리에서는 그렇게 성의 없이 일 처리를 하지 않았을 것이라고 아내는 말했다.

그 말을 듣고 엊그제 아들 녀석이 학교 제출용이라고 내민 신상 기록 카드를 작성해 준 것이 생각났다. 내일까지 제출해야 한다며 내민 기록 용지에 볼펜도 아닌 연필로 주소와 부모의 생년월일을 적어 놓았다. 생년월일을 적으며 아들 녀석이 미리 기록한 내용을 훑어보니 부모의 학력 사항에다 '고졸'이라고 살가죽에 문신 새기듯이 종잇장이 패도록 써놓았다.

자녀가 초등학교 다닐 때 작성했던 신상 기록 카드에 어이해서 나라고 허위 학력을 기재하고 싶은 마음이 없었겠는가. 아이에게는 거짓말을 하지 말고 정의롭게 살라고 강조하면서, 허위로 학력을 기재하는 이율배반적인 행동이 껄끄러워서 국졸이라고 기재했었는데 지금 '고졸'이라고 연필로 눌러쓴 글씨를 보니 아들의 어린 마음이었지만 부모의 학력에 꽤 열등감을 느꼈던 모양이다.

생각해 보니 아이의 담임선생님은 아마도 엊그제 작성했던 신상 카드를 근거로 무료 급식 대상자에 우리 아이를 선정한 것 같았다. 꼭 확실하지는 않지만 우리 아이가 선정될 수 있는 이유가 나름대로 몇 가지 잡혔다. 부모의 학력은 고졸이라고 허위로 기재해서 넘어갔다지만 주소에서 산 8번지가 선정 이유에 가산점이 붙을 만했다.

요즈음은 아파트도 재산 가치를 높이기 위하여 기존의 이름을 없애고 영어 발음이나 그 비슷한 이름으로 바꾼다고 했다. 아파트 평수에 의해서 사람의 가치가 정해진다는데 아파트는 고사하고 주소가 자연부락하고도 산8번지다.

'산' 자가 들어간 주소는 곧 빈곤의 대명사인 산동네를 뜻하는 주소를 나타내는 것이다. 부모의 생년월일을 보니 당시 나이가 오십이 넘었고 직업은 농업이다. 농업이 경쟁력 없는 산업이라는 것은 세상 사람들이 다 아는 사실 아닌가.

또 생각나는 것이 있다면 빈곤 가정 아이들이 눈치가 빠르고 행동이 자연 위축될 수밖에 없는데 아이의 바른 행동거지가 선생님의 눈에는 위축된 행동으로 보였을 것이다.

선생님은 우리 아이가 행실이 올바르다고 그렇게 칭찬했다지만 그 말은 듣는 사람의 입장을 고려해서 얼마든지 각색할 수 있는 말일 수도 있다.

선생님이 다각도로 관찰하고 생각해 봐도 우리 애는 확고하리만치 급식 대상자로서 전혀 손색이 없었던것이다.

선생님의 말씀을 다 듣고 아내가 말했단다.

우리 형편은 잘산다고 말은 할 수 없지만 아이에게 하루 세 끼 따뜻한 밥 정도는 끓여줄 수 있는 형편이라고 선생님의 반에 무료 급식을 받을 수 있는 형편이 어려운 학생이 없었으면 좋겠지만 담임 맡은 지가 얼마 안 되어서 세밀하게 아이들 가정형편 파악이 안 되었을지 모르니 혹시나 나올지도 모를 도움을 받아야 할 학생을 위해서라도 우리가 양보하겠다고 말했단다. 생님께서는 고맙게 생각하며 부모님께서 교회에 나가신다고 하니 마음 씀씀이도 다르시다고 말하더란다.

아내는 선생님의 세심한 배려에 감사함을 느낀다며 통화를 끝냈다고 말했다.

　학교에서 유료 급식으로 점심을 해결했다지만 한창 먹어야 할 때라며 아이가 학교에서 돌아올 시간이 되자 아내는 아이가 먹을 밥을 지었다.

　밥통은 종착역에 다다른 증기 기관차처럼 치지직하는 소리와 함께 김을 내뿜는데 아내의 둥그렇게 활짝 핀 얼굴이 잘 된 밥 퍼진 것처럼 밥통 옆에서 하얗게 퍼져 있었다.

성공

▰▰▰▰ 초등학교 동창이며 같은 반에서 공부했던 똑똑한 친구는 나를 지칭하며 초등학교 동창 중에 성공한 친구라고 말했다. 서두에 똑똑한 친구라고 말을 시작한 것은 그 친구의 이름이 (유식)이었기 때문이고 김유식도 아니고 이유식도 아닌 문유식이었기 때문이었다.

유식이란 이름 앞에 글월 문(文)자의 성이 붙어서 문유식이 되었으니 똑똑하다는 수식어로도 부족함을 느낄 판이다. (머리가 좋아서 유식인지 이름이 유식이었기 때문에 유식인지 아무튼 이후로 유식이라 불렀다) 내가 사회적으로 성공한 것도 아닌데 유식이 친구가 나를 나름 성공했다고 말한 이유가 있었다.

졸업을 앞둔 한가한 시간에 담임선생님께서 제자들의 장래 희망을 각자 물어보았다. 친구 중에 대통령이라고 말한 친구가 있었는지는 모르겠다만 과학자 발명가 선생님 외교관 교수를 비롯하여 누군가는 에디슨이라고 말해서 발명가를 잘못 말한 것으로 친구들은 새겨들었다.

  축구선수, 장군에 이어 내 차례가 되었을 때 농사꾼이라고 말했다.

  그 순간 와! 하는 웃음소리가 나왔고 선생님도 웃었으며 그 교실에 있었던 사람들은 나만 빼놓고는 아마 거의 다 웃었을 것이다. 땅 한 평도 없는 놈이 농사꾼이라 말했으니 내가 생각해도 기막혀 웃을 노릇이다.

  하지만 당시 집안이 빈곤하여 먹는 것 이외의 생각은 할 수가 없었다. 먹는 것이 임금이었고 하늘이었으며 아침이라는 것도 먹는 시늉으로 때고 점심 도시락도 없이 등교했으니. 먹는 것 이외의 생각은 들지도 않던 차에 엉겁결에 농사꾼이라는 말이 튀어나온 것이다.

  초등학교를 졸업 후 날품팔이와 공사장 인부를 거쳐 농사에 입문하여 나이 70대에도 농사를 짓고 있으니 이를 보고 친구 유식이는 초등학교 때 장래 희망대로 농사를 짓고 있으니 역설적으로 말하자면 그야말로 성공한 것 아니냐고 말했다.

아버지

━━━━━ 농사를 짓는 틈틈이 농외 수입을 얻기 위하여 취직했다.

취직했다고는 하지만 정규직이 아닌 비정규직 즉 임시 고용된 일용직이었다. 어느 정도 일이 익숙해질 때까지 선임자가 사수 노릇을 하였으니 나는 자연히 부사수가 된 것이다.

며칠을 같이 근무하다 보니 사수인 친구가 나이는 나보다 너덧 살 아래인데 하는 일은 나보다 어른스러웠다. 술자리에서도 절제할 줄 알았고 불필요한 지출도 줄일 줄 알았으며 간단히 치르는 식사에서도 검소함을 느꼈다. 사수가 나를 위해서 수고하는 것이 고마워 하루는 내가 삼겹살로 점심을 내었다. 그것을 보고 사수가 헹님 이렇게 해서 어느 세월에 돈 모으고 살 거냐고 일갈했다. 그 소리를 들으니 사수가 무섭게까지 느껴졌다.

하기야 봉급은 내 급여의 세 배 정도 타면서도 출장이나 야외 근무 중에는 기름값을 아까워하며 내 차하고 교대로 사용하자고 말할 정도이니 검소함에 앞서 인색함마저 들기도 했다. 나뿐만이 아니고 같이 근무하는 동료들도 사례를 들어가며 나의 사수가 인색한 것을 성토하기도 했다.

하루는 사수의 집을 방문할 기회가 있었다. 그의 집은 고층아파트 축대 옆으로 낮게 엎드려 있는 것처럼 보였다. 작은 샷시 문 옆으로 옛날에 버렸음직한 연탄재 성분이 배어있는 손바닥만 한 공터가 있었다. 겨울을 빼놓고 삼철을 푸성귀를 대는 밭이라고 묻지도 않는 말을 했다.

안 사람은 직장에 출근하고 빈집 지키는 작은 개만 임무에 충실 하느라 짖어댔다. 한눈에 보기에도 집을 증창한 듯한 방에 들어서니 정갈한 방 한쪽에 사진틀 두 개가 걸려있는 것이 보였다. 어쩜! 차일이 쳐진 앞으로 사모관대 차림의 신랑과 족두리에 연지곤지 찍은 신부가 얼굴이 굳은 채로 서 있는 것이 마치 구한말에 선교사들이 찍은 사진 같았다. 다시 한번 나하고 사수의 나이 차이가 생각났다. 나만 해도 예식장에서 식을 올렸는데…

결혼사진 옆에는 버섯 한 무더기 피어있는 것처럼 사수를 중심으로 식구들이 둘러앉아서 찍은 가족사진이 걸려있었다. 큰딸과 작은딸은 대학 졸업 후 직장 다니고 막내딸은 대학 재학 중이라 했다. 딸 하나는 혼사가 잡혀있다고 했다. 사수하는 친구가 왜 그리 인색하게 굴었는지 이제야 그 해답이 풀렸다. 부모의 유산도 없이 어린 나이에 박봉으로 애들 셋을 대학을 보냈다는 것이 보통 일인가 말이다.

콩나물 뿌리가 길게 자란 탓으로 상품 가치가 없어서 폐기 처분할 것을 한 자루 얻어서 행여 누가 가져갈까 봐 품에서 놓지 않았다는 그 유명한 일화도 이제야 수긍이 갔다. 연민이 느껴지며 콧등이 시큰해지는데 기껏 한다는 말이 애들 키우기 힘들었겠구나! 했더니 힘들긴 뭐가 힘들어요 제 발로 자랐는데 라며 말을 받았다. 계집년들이 밤 열 시 넘을 때까지 안 들어왔다가는 다리 몽뎅이 성치 않는다고 힘주어 말하는 것을 들으며 요즈음 같은 세상에 이미 사라져 버린 내 아버지 대의 아버지가 현존하여 이렇게 한 가정에 군림하고 있는 것을 여기서 보았다.

　　사수와 점심을 먹기 위하여 식당가를 걷는데 그 친구가 복권을 사더니 나를 보며 헹님 돈 있수? 하고 물었다. 오늘은 내가 점심값을 지불할 날이라 점심값밖에 없다고 하니 헹님 오늘은 내 기마이 쓰갔시다. 점심은 내가 살 터이니 그 돈으로 복권 사서 부자 되라고 했다. 점심을 먹으면서 애들 다 키우고 가르쳤는데 무슨 돈이 그리 필요해 복권을 구입하냐며 물으나 마나 한 말로 묻니 그 친구는 낮은 소리로 말했다. 사돈 될 집하고 형평을 맞추려니 번듯한 집이라도 한 채 있어야겠기에 복권을 샀단다. 그 말을 듣고 음식이 매워서도 아닌 눈물이 핑 돌았다. 이 친구를 어이 나보다 어리다고 할 수 있겠는가?

　　봄 화창한 날에 그 사수가 혼사를 치렀다. 그 후로 근무지에서 그 친구에게 장인어른이라는 새로운 놀림의 직함이 부여되었다. 직장 안에서 나이든 과장 계장이 놀림처럼 나의 사수를 장인어른이라고 불렀다.

　　맞다! 그 친구 하는 것으로 봐서 어른이라는 놀림처럼 불리는 직함이 전혀 어색지가 않았다. 모성을 넘어서는 부성을 직장의 나이어린 동료에게서 느꼈다.

조강지처와 조강지차

━━━━ 나에겐 날씨 궂은날 앉았다가 일어나려면 "아구구구" 하는 조강지처가 있고, 날씨 추운 날 시동 한 번 걸려면 "구릉구르릉"하는 조강지차가 있다.

펑퍼짐한 조강지처도 젊은 새색시 때는 옮기는 걸음걸이가 지금처럼 무겁지 않았고 사뿐거리는 걸음걸이였을 것이다. 그리고 보잘것없는 작은 차지만 그 차도 새로 구입했을 때는 시동을 걸어도 가볍게 걸렸고 언덕길도 소리 없이 사뿐히 올라갔던 때가 있었다.

지금 강산이 두 번 바뀔 정도의 세월을 같이한 조강지처와 강산이 한번 바뀔 정도를 함께한 조강지차가 고맙게 느껴지는 것은 아마 나도 늙어가고 있음을 알기 때문이다.

내가 지금보다 젊었을 때 아내를 옆에 두고도 팔등신 미녀들을 곁눈질로 보기도 했었고 내 자동차를 타고 가면서도 남들이 타고 다니는 고급 승용차를 부러워했던 적이 어디 한두 번 이었던가 말이다.

농촌 총각이라고 결혼도 못 하고 있을 때 내 배필이 되겠노라고 나타난 아내를 보고는 얼마나 좋아했던가. 남들이 뭐라고 쑤군거려도 개의치 않았다.

내가 배우지를 못했는데 어떻게 배운 아내를 원하겠고 내가 못생겼는데 키 작은 배필을 탓할 수 있겠는가. 한 가정 꾸려 아들딸 잘 낳고 살면 됐지 무엇을 흠잡고 무엇을 불만 한단 말인가. 없는 살림에 시집왔기에 젊은 시절을 그야말로 쌀겨를 먹어가며 풍찬노숙하다시피 하면서 오늘의 살림을 일으키는 데 일조했으니 조강지처라는 말이 전혀 어색하지가 않았다.

고생을 필설로 옮기지 않더라도 얼굴에 쓰여 있고 수족에 새겨있어서 잠자리에서 어쩌다 이불 밖으로 빠져나온 아내의 발바닥을 보노라면 어찌 다른 마음이 생기겠는가.

돈이 없다 보니 길거리에 즐비하게 다니는 차들을 보며 현기증을 내던 내가 차를 산다고 생각이나 해봤겠는가. 마누라 없이는 살아도 차 없이는 못 사는 세상이라고 말들을 해서 우리나라에서 제일 작다는 차를 사는데도 48개월 할부로 샀다.

그 차를 샀을 때 주위의 입 가진 사람들은 아마 한마디씩은 거의 다 했을 것이다. 잘 구입했다고 한다면 덕담으로 듣겠는데 그 반대의 말인지라 머쓱하기 그지없었다. 국민차인 소형차를 빗대어 씹다 버린 껌이 바퀴에 붙어서 자동차가 못 간다고 말했고, 코너 돌 때 쇼트트랙선수처럼 안쪽 땅을 짚어야 한다는 둥 누가 내 아내를 얘기할 때처럼 귀를 닫아버렸다.

    십 년을 우리 가족만 탑승한 것이 아니라 승용차라는 본연의 임무에서 벗어나 비료나 농약 쌀가마 등의 화물을 잔뜩 싣고 다니기도 했다. 그래도 잔고장 하나 없는 것이 무던한 내 아내와 같았다.

    아내는 서방 잘못 만나고 자동차는 주인 잘못 만나서 팔자와 예정에도 없는 고생을 하고 있다. 서방 잘 만났으면 뽀얀 처녀 적 얼굴로 나이 오십을 넘기며 물을 손가락으로 튀기고 살 것이요 주인 잘 만난 자동차였으면 허구한 날 왁스 세차에 아스팔트 바닥만 얌전히 다녔을 것이다.

    조강지처는 서방 잘못 만난 탓으로 산더미 같은 궂은일에 펴도 펴도 펴지지 않는 살림에 얼굴마저도 펴지지 않고 조강지차는 아스팔트 바닥은 언감생심이요 논두렁 밭둑길 아니면 비포장도로나마 감지덕지할 판이다.

    찌든 살림에 얼굴의 주름살 생긴 조강지처와 험한 길 다니느라 긁힌 자국과 찌그러진 범퍼가 있는 조강지차를 보노라니 숙연한 마음마저 생겼다.

    조강지처 불하당(糟糠之妻 不下堂)이요
    빈천지교 불가망(貧賤之交 不可忘)이라는 말이 있는데,
    내 어찌 조강지처와 조강지차를 두고 다른 마음을 먹겠는가.
    누가 먼저 죽든가 죽을 때까지 함께여야 할 우리…

지붕

▬▬▬▬ 나탈레와 루이사는 결혼했지만 사방 벽에 지붕이 얹힌 오막살이 한 채도 없었다. 전후의 이탈리아엔 폐허 속에 주택시장이 열악하기 그지없었다. 자기 땅이 없는 사람들이 국유지나 사유지에 단속의 눈을 피해 무허가 집을 짓는데 지붕만 얹어놓으면 더는 단속하지 못하고 약간의 벌금만 부과시켰다.

집이 없어 낙담하던 루이사가 임신을 했다.
집의 필요성을 절실히 깨달은 나탈레는 철로 변 시유지에 불법건축물을 짓는다.

밤새 집을 지어 아침에 단속이 나오기 전까지 지붕만 얹어놓으면 되는데, 지붕을 채 얹기도 전에 날이 밝아 단속 경관이 나왔다.

그 순간 임신한 아내 루이사는 침구를 방안에 던져놓고 어느 구경꾼의 아이를 얼른 빼앗아 안고 집안에 들어가서 경관을 쳐다봤다. 경관은 하늘을 향해 훤히 뚫린 공간을 쳐다보며 "그러나 벌금은 내야 하오."라는 말을 남기고 돌아섰다.

나탈레와 루이사는 힘찬 포옹을 했다.

빅토리오 제시카 감독의 '지붕' 이라는 영화에 나오는 장면이다.

결혼식을 마치고 신접살림을 틀었던 집. 담은 흙으로 쌓은 토담이었고, 짚으로 이엉 엮어 씌운 지붕은 썩어서 장마철이면 처마 밑으로 간장 물이 떨어지듯 검은 물이 떨어졌다. 사진으로 찍으면 영락없는 아프리카 토인들의 집으로 착각할만했다.

북향을 바라보고 입 벌린 대문은 한겨울의 삭풍을 집안으로 끌어들였고 겹겹이 발라진 천정의 도배지는 일부가 떨어져 펄러덕 거리며 방안의 기온을 끌어내렸다.

연탄보일러는 밤새 배 앓는 소리를 내며 제 임무를 다하지 못한 탓에 허구한 밤을 이불 겹겹이 덮고 잠을 자게 만들었다. 아침에 몸만 빠져나온 이불의 모습은 에스키모의 이글루를 닮은 모습이었다.

음식의 기름 냄새라도 풍기는 날이면 쥐가 등상으로 시렁으로 유별나게 뛰어다녔고 허기진 배를 채우지 못한 앙갚음인 양 가구를 긁어댔다. 목제품은 쥐들이 갉아대고 부엌의 식기들은 연탄가스로 부식되어 갔다.

초가 위에 엉성히 얹은 슬레이트 밑으로 바람에 실려 들어온 먼지는 가전제품의 틈바구니를 메우고 들어 가전제품의 기능을 마비시킬 정도였다.

　어느 날 땅 주인이 땅을 판 덕(?)에 우리 내외는 한겨울의 추위에 동사하지 않고 연탄가스에 중독되지 않은 상태에서 그 집을 나오게 되었다. 전세 거리도 마땅치 않아서 딱히 갈 곳이 정해져 있지 않은 상태인데 처남이 이사하여 살고 있던 집을 우리에게 살라며 권했다.

　그 집은 팔이 긴 사람이 껴안아서 옮겨도 될 정도의 작은 집이었다. 집장사꾼이 잇속을 챙길 목적으로 지은 날림 집이라 방한이 제대로 되지를 않아서, 방안의 벽에다 성냥불을 가까이 대면 성냥 불꽃이 방안으로 나부낄 정도였다. 이곳에서도 추위는 악연처럼 우리 부부를 감기와 오한으로 들볶았다. 그렇지만 이 집에 살았던 사람들은 이사 후에 다 잘산다는 미신에 가까운 말이 나름대로 매력을 느끼게 했다.

　식구와 가구가 늘어나면서 집이 좁아지는 느낌이 들었다.

　집을 넓히기로 마음먹고 돈이 생기는 대로 자재를 하나둘씩 사들였다.

　농한기 때 집 평수를 사방으로 넓혀가며 혼자서 집수리를 했다. 땀을 흘리는 중에도 근심은 떠나지를 않았다. 토지주가 보면 집을 못 고치게 제동을 걸지도 모르겠고 단속 공무원의 눈에라도 띄면 무허가라고 부숴버릴지도 모를 일이다. 동네 사람이 기존의 낡은 변소 건물을 헐고 새로 짓는데 무허가라고 부숴놓은 것이 엊그제의 일인데 조바심으로 목이 타들어 갔다.

　눈 가리고 아웅 하듯이 천막을 얻어다 집 주위에 둘러쳤다.

　그 안에서 일을 하려니 좀 더운가? 중동 근로 현장의 더위만큼이나 했다. 지붕만 얹어놓으면 별로 문제가 없을 것 같았다. 본래의 지붕 뜯어내고 새로이 얹는 일을 공무원들 쉬는 일요일에 하기로 했다. 공사장에 일 나가는 읍내 형님뻘 되는 사람을 반강제로 불러와서 일을 시작했다.

나는 영화의 나탈레가 되었고 읍내 형님은 나탈레의 친구가 되어서 밤사이에 집을 짓는 것처럼 더운 여름날 일요일 하루 만에 일을 마치려고 연신 땀을 흘리며 쉬지 않고 일을 했다.

게딱지 같은 집 하나 수리하는 데도 가슴 두근거리며 하는데…

그린벨트나 수자원 보호구역에 아무렇지도 않게 성곽 같은 집을 짓는 사람들의 강심장이 부러웠다.

지붕 위의 두 사람은 영화 속 주인공들처럼 쉬지 않고 지붕을 뜯어내고 새로 씌우는데 아내는 밑에서 근심 어린 표정으로 쳐다보는 것이 아마도 단속 공무원이 나오더라도 영화 속의 순경 같은 인간적인 사람이기를 간절히 바라는 것 같았다.

별이 뜬 그날 밤

우리 부부는 두 손을 마주 잡고 지붕에 소리 없이 내리는 이슬을 쳐다보며

두 손을 마주 잡고, 나탈레와 루이사의 흉내를 내봤다.

집

━━━━━ 돼지 삼 형제가 집을 지었다고 했다.

어느 날 늑대가 돼지를 잡으러 왔다. 짚으로 지은 돼지의 집을 늑대가 콧김으로 부니 그만 집이 날아가 버렸다. 그 집에 살던 돼지가 다리야 날 살리라고 하면서 나무로 집을 지은 또 한 마리의 돼지 집으로 도망을 갔다.

나무로 만든 돼지의 집까지 좇아온 늑대가 이번에도 집을 부숴놓았다. 두 마리의 돼지가 길지도 않은 짧은 꼬리가 빠지도록 벽돌로 지은 돼지의 집으로 도망을 가서 결국은 살았다는 얘기를 어린이 동화책에서 본 기억이 요즘에 되살아났다.

내가 사는 집이 영락없이 짚으로 지은 돼지 집 짝이 난 것이다.

우리 동네에 아파트단지가 들어선다고 몇 해 전부터 말이 돌더니 근래에 들어서 거의 확정되어 가는 것 같았다. 구체적인 땅값과 보상 문제까지 거론되더니 금액까지 지불받았다는 집들이 내 귀에까지 들렸다. 나같이 남의 땅에 얹혀사는 사람들은 약간의 이주 비용으로 해결을 본다는 말이 돌고 있다. 그야말로 짚으로 지은 돼지의 집 짝이 난 것이다.

어쩜! 세상 살아가며 집 한 채 장만하는 것이 바둑의 무급(무급은 18급이라 했다) 이 *반상(盤上)에 내 집 하나 마련 못 하겠냐며 반상 앞에 앉았다.

우리나라의 어떤 기업 총수가 '세계는 넓고 할 일은 많다'라고 한 말이 있는데 내가 반상 앞에서 바둑돌을 잡고 보니 그 말이 맞았다. 바둑판은 넓고 바둑돌 놓을 곳은 많았다. 저 넓은 바닥에 내 집 한 칸 못 짓겠나 싶었다. 처음 두는 바둑이며 실력 없는 자신을 잘 알고 있는지라 *부득탐승(不得貪勝) 않고 *집 바둑을 둘 작정을 하고 앉았다.

흑을 잡은 상태라 선점으로 가운데 어복(魚腹)을 피해 *귀를 찾아서 선점을 쳤다. 바둑판에서 내 집을 짓기 위한 첫 삽질이 시작된 것이다. 상대방의 기풍(棋風)을 모르는지라 섣불리 착점하기가 쉽지 않았다. 자칫 하다가는 풋바둑의 실력이 들통날 판이라 장고에 돌입했다. 장고도 잠시 상대방의 *속력행마(速力行馬)에 속절없이 *속수(俗手)로 말려들었다.

상대방은 *공격 바둑으로 내 집 바둑을 위협하며 치고 들어와 다수의 내 세력이 *곤마(困馬)에 처해졌다. 궁하면 손을 빼야 한다는 철학을 잊고 *버팀 수라고 둔 것이 그만 *축(逐)으로 몰렸다. *연단수(連單手)라고 봐야겠는데 중마(中馬)에 대한 미련이 남아있어 *성동격서(聲東擊西)랍시고 엉뚱한 곳에 패를 걸고 보니 상대방이 *불청으로 받아 쳐버려 오히려 *악수(惡手)만 둔 꼴이 났다.

순간 고수일수록 단 수는 못 본다는 말이 생각나서 반상에서 묘수 둘 곳을 찾아보았다. 묘수 세 번이면 지는 바둑도 이길 수 있다는 말이 있다. 그러나 내가 묘수라고 *묘착 한 것이 그만 *손해 수가 될 줄은 몰랐다.

　　급기야 반상은 백의 돌로 가득 채워지고 조급한 마음이 생기는데 반상에 나의 흔적을 남기기 위해서라면 눈목(目)자까지는 바라지 않고 날일(日)자 형태의 집 한 칸 짓기에도 진땀이 났다.

　　반상에 집 한 칸 남기기 위하여 *암수(暗手)라고 한 수 둔 것이 묘착이 되어 반상의 우(右) 하(下)에 위치한 몇 점에 요행히 *절처봉생(絶處逢生)의 빛이 보였다.

　　그러나 상대 국수가 나보다 윗 수라 그것을 어이 눈치 못 채겠는가 *꽃사궁이라는 것이 들통나서 집 중앙을 치중당해 사석(死石)이 되었다. 이제는 이 반상에서 집 한 칸 나기가 *조남철이 와도 안 되게 생겼다. 완전히 몰판을 당했다. 반상(盤上)에서나 세상(世上)에서나 집 한 칸 장만하기가 결코 그렇게 녹록지가 않았다.

　　언젠가 지인의 집들이에 갔었다. 은행 융자를 얻고 하여 조금 무리하면서 그렇게도 염원하던 내 집을 장만하였다며 너무나도 좋아했었다. 그 후 어이 된 영문인지 일 년여 만에 집을 팔아 전세로 옮기고 급기야 월세로 옮기더니 지금은 연락이 끊겼다. 그야말로 바둑판에서 *오궁도화(五宮桃花)가 치중당해 꽃사궁으로 줄었다가 또다시 치중당해 단수로까지 몰린 짝이 난 것이다.

　　집을 짓기 위해 터를 장만했었다.

　　친구가 보증을 서달라고 하여 땅을 저당 잡히고 준 것이 결국은 *손해 수가 되어 축으로 몰렸다. 축을 계속 뻗듯 무의미하게 이자만 계속 내다가 가능성도 없고, 법원의 출두장도 날아들어 *옥쇄(玉碎) 수를 두어 땅이 날아갔다.

주위의 여덟 수를 본다는 훈수꾼들은 나를 보고 그 보증을 왜 서주었냐고 풋바둑꾼이라고 일컬었다.

이제 이 동네에 아파트가 들어선다면 돼지 삼형제 중 한 마리의 짚으로 지은 듯한 힘없는 우리 집은 헐릴 것이다. 그러면 벽돌로 지은 듯한 아파트에 사는 사람들은 이렇게 말하는지도 모르겠다.

"억울하게 져야 바둑 는다!
어디 가서라도 절대 *호구(虎口)에 돌을 넣는
어리석은 우(偶)는 범하지 말라고"

앞으로 내 새끼들하고 살집 한 칸을 반상(盤上)이 아닌 세상(世上)에 짓기 위하여 내 반드시 *토혈지국(吐血之局) 하리다.

*반상(盤上) _ 바둑판의 위 바닥.

*부득탐승(不得貪勝) _ 부정하게 승리를 탐하는 것.

*집 바둑 _ 집 짓기 위주의 바둑. 공격보다는 온건하게 실리를 얻어가면서 집 수요로 승부를 내는 성향의 바둑.(반대어: 공격 바둑)

*귀 _ 바둑판의 사방에서 한 귀퉁이 구석진 구역.

*속력행마(速力行馬) _ 발 빠른 행마.

*속수(俗手) _ 타성에 젖어 계획 없이 두는 통속적이 수.

*공격 바둑 _ 적극적으로 상대의 약한 돌을 공격하여 승부를 내는 스타일.(반대어: 집 바둑)

*곤마(困馬)_ 상대에게 쫓기거나 둘러싸여 온전한 집을 만들지를 못하고 살기가 고생스럽게 딱한 처지에 놓인 말.

*버팀수 _ 버티는 수. 버티기 위한 착수.

*축(逐) _ 잡는 수의 하나, 단수가 되어 있지만, 잡히지 않으려고 달아나면 계단 형이 됨

*연단수(連單手) _ 연단수는 서투른 바둑의 증거. 연단수에 걸렸을 경우, 달아나면 손해가 크므로 당연히 손을 떼야한다.

*성동격서(聲東擊西) _ 동쪽을 칠 것 같이 소란을 피워 적의 관심을 끈 다음, 서쪽을 공격하는 행위.

*불청 _ 상대방이 쓰는 팻감을 받지 않고 문제의 패를 해소하는 행위.

*악수(惡手) _ 잘못 두어 나쁜 결과를 초래하는 수.

*묘착 _ 절묘한 착수. 또는 착점.

*손해 수 _ 손해가 되는 경우의 수. 두지 않아야할 곳에 두어 손해를 자초하는 수.

*암수(暗手) _ 속임수의 다른 표현.

*절처봉생(絶處逢生) _ 절대 절명의 판국에서 요행히 살길이 생김.

*꽃사궁 _ 사궁도의 하나로 자체생존권이 없는 눈, 네 개로 이루어진 꽃잎 모양의 궁도. 집 중앙을 치중당하면 죽는다.

*조남철 _ 바둑기사 9단, 명지대 바둑 지도학 객원교수, 한국기원 명예이사장

*오궁도화(五宮桃花) _ 다섯 개의 눈을 가진 궁도. 오궁 가운데가 비어있으며 그곳에 치중을 당해 죽게된다. 상대방의 착수에 따라 평사궁과 꽃사궁이 되고, 이어 궁도 수가 줄어듦으로 종래 단수에 몰리게 된다.

*손해 수 _ 손해가 되는 경우의 수. 두지 않아야할 곳에 두어 손해를 자초하는 수.

*옥쇄(玉碎)수 _ 대마 살릴 가능성은 거의 없지만, 그렇게라도 두지 않으면 당장 승부가 결판나기 때 문에 부딪쳐 보는 수.

*호구(虎口) _ 호랑이의 입.

*토혈지국(吐血之局) _ 피를 토한 바둑.

다 먹고 살자고 하는 일인데

━━━━━ 수필을 가르치는 이경애 선생을 만나기로 했다.

점심시간을 앞두고 종로에서 만나기로 했는데, 약도도 없이 간단한 설명으로 대체했다.

"전철 종로3가역에서 하차하여 몇 번 출구로 나와서 대로변을 걷다가 오른쪽으로 구부러진 골목길로 접어들어 음식 조리하는 냄새와 생선 굽는 냄새를 맡으며 한 사백 미터 정도 걸으면 큰 빌딩이 보이는데 거기가 익선동이고 그곳 빌딩의 한곳이 출판사이고 내가 근무하고 있는데 오는 도중 모른다 싶을 때 전화해"라고 말했다. 복잡할 것 같은 서울의 안내를 그것도 서울의 한복판인 종로를 시골 사람 길 안내하듯 설명을 했다.

설명 들은 대로 종로3가역에서 내려 대로의 뒷길로 가로질러서 골목길로 접어들어 걷다 보니 과연 생선 굽는 냄새가 코를 자극했다. 냄새에 적잖이 안심되며 아직 까지는 제대로 찾아왔음을 직감할 수 있었다.

종로3가!

내가 초등학교 졸업 후 친구 봉운이 형이 서울로 유학을 하여 학원을 다녔다. 봉운이도 형을 따라서 서울로 유학을 할 때 숱하게 들었던 그 종로3가였다. 나와 친구 몇몇은 봉운이의 허풍이 가미된 무용담을 영화 속의 줄거리처럼 들었다.

종로3가를 종삼이라고 줄여 말할 때는 봉운이가 다른 사람으로 보였다. 그 종삼 바닥을 휩쓸고 다녔다는 소리에는 봉운이가 김두환과 동급으로 보이기까지 했다. 그리고 일 년인가? 이 년이 지난 후에 봉운이 형은 서울대에 진학을 했고 봉운이는 고등학교 입학시험에 낙방을 하였다.

당시에 종삼에 있던 학원이 지금은 거의 다 강남 대치동으로 이전한 후였고 시간의 여유가 있는 내가 봉운이의 흔적을 찾아서 옛날 학원이었다가 지금은 골목 식당으로 변했을 법한 골목을 기웃거리며 혹시라도 봉운이가 흘렸을 법한 흔적을 찾아서 음식 조리하는 냄새와 생선 굽는 냄새가 몸에 밸 때까지 기웃거리고 다니다가 큰 솥에다 뼈다귀 고는 식당 앞에 이르렀다.

친구 낙풍이가 점포도 아닌 양쪽 벽이 마주 보는 골목 노천식당에서 사람들이 서서 벽을 마주 보고 식사하는 틈새에 끼어서 식사를 하는데 자기가 먹을 음식이 뼈다귀 음식이고 뼈다귀가 커서 그릇에 담기는 것이 아니라 그릇 위에 가로 얹혀서 나오더란다.

양팔을 벌려 뼈다귀를 잡고 입은 뼈다귀에 붙은 살점을 쫒아서 좌에서 우로 우에서 좌로 한창 바쁜데 '턱!' 소리가 나며 뼈를 훑는 입에 충격이 오더란다. 뼈다귀는 뜯어야겠고 좁은 골목으로 사람들은 밀려오고는 하여 뒷걸음치며 뼈다귀를 뜯는데 그만 골목이 좁아 입에 물었던 뼈다귀가 양쪽 벽 사이에 끼어 물렸더란다.

그때 뼈를 뜯고 있던 이빨이 지금도 이상하다고 앞니를 가르키며 말을 하는데 어디까지 믿어야 할지 모르겠다. 아마 낙풍이 친구가 뜯었던 뼈다귀가 소 뼈다귀가 아닌 맘모스 뼈다귀가 아니었을까라는 생각을 하며 노래 냉면의 가사처럼 '산촌 사람 하루는 성내 와서 구경을하는데…' 와 같이 기웃거리며 구경을 하는데' 웬 아줌마 한 사람이 박카스 한 병을 건네주었다. 별생각 없이 받아마시며 일전에 관광 나이트 화장실에서 소변 볼때 등을 안마하며 건네는 박카스를 받아마시고 만원을 건넸던 것이 생각나서 얼른 만원을 건네줬다.

서울에는 형편이 어려운 사람들이 박카스를 낱개로 들고 다니며 파는 것으로 생각을 하는데 박카스를 사면 어디론가 가자는 채근이다. 때는 점심때였는데 먹을 것 앞에 두고 어디를 간단 말인가?

뭔 일인지 몰라도 우리말에 '금강산도 식후경'이라는 말이 있고 병원에서 내복약을 처방해 주어도 식후에 복용하라는데 뭔 일이 먹는 것에 우선한단 말인가?

개는 옆에 두고 음식을 먹어도 사람은 옆에 두고 못 먹는다는데 자네도 이리 오게나 내가 밥 한 그릇 못 사겠는가 남에게 부담 주기 싫다는데 물 조금 더 부어 두 그릇 만들면 되고 수저 하나 더 얹어 놓으면 같이 먹을 수 있는 것을 뭔 급한 일인 줄 몰라도 다 먹고 살자고 하는 일 아닌가?

그때 전화벨이 울리는데 아직까지 오는 중이냐는 이경애 선생의 전화였다. 거의 다 왔을 것 같은데 시간도 있고 하여서 마중 나오겠다며 어디쯤이냐고 묻는다. 큰일났다! 마누라가 찾으러 온다며 둘러대고 밥을 먹다 말고 급히 자리에서 튀어나왔다.

이경애 선생 강호영 선생과 함께 신간을 출간하는 것에 대한 의논을 마치고 귀가 후 냉장고 문을 열어보니 비타 500이 눈에 띄길래 한 병을 꺼내 마시는 것을 본 집사람이 아이고 애고 어른이고 나갔다 오면 냉장고 문은 왜 열고 섯질렀냐며 밥 먹기 전에 그건 왜 먹냐면서 밥 먹기 전에 목이 타서 먹는 것을 탓한다.

점심때는 박카스 아줌마가 추근대더니 저녁때에는 비타500 아줌마가 먹는 것에 대해 힐난을 한다

다 먹고살기 위해 마시는 것뿐이고 박카스 아줌마도 다 먹고 살자고 박카스 팔려고 한 것뿐인데 어쩌라고…

책을 마치며

▬▬▬▬▬ 고희를 맞고 보니 그동안 참으로 지난한 삶을 살았다는 생각이 들었다.

임대농으로 농업에 입문 후 관행 농을 거쳐 자작농을 하면서 전업농에 등극하였다.

영농회장에 출마하여 낙선 후 초야에 묻혀 지내며 현재는 시설농업인으로서 생산 농산물을 농협 로컬푸드 매장에서 판매하는 농산물을 재배하며 틈틈이 글을 쓰고 있다.

농사에 전념하다보니 이력서 한 장 써보지 못한 일생을 외면의 실상이 아니라 내면에 자리한 진실을 묶어 이 글을 미안한 나의 마음에 부친다.

제출할 곳이 마땅치 않아 서랍에서 서성이는 나의 간결한 이력을 책의 마지막에라도 첨부하고 싶었다. 누가 왜 쓰냐고 물으면 내 자신에게 덜 미안해서 그냥 웃으며 썼다.

김포에서
작가 유재철

Yu jae cheol

다시올산문
왜! 쓰냐고 물으면 그냥 웃지요

초판인쇄 2024년 9월 15일
초판발행 2024년 9월 28일

출판등록 | 제310-2007-00028

지은이 | 유제철
발행인 | 김영은
펴낸곳 | 다시올

주 소 | 서울 노원구 광운로 32, B01호
전 화 | 031-836-5941
팩 스 | 031-855-5941
메 일 | maxim3515@naver.com

ⓒ 유제철, 2024

ISBN 979-11-91702-20-0 03810

정가 20,000원

* 파본은 본사나 구입하신 서점에서 교환해 드립니다.